MARCO POLO

Camper Guide

Kroatien & Montenegro

Insider-Tipps

Für deine Wohnmobil-Touren

D1919335

in Zusammenarbeit mit PaulCamper

Mirko Kaupat

Inhalt

Das Beste zuerst

Insider-Tipp
Serviceangaben
Parkplatz
Fototipp
Hunde willkommen
kinderfreundlich
schöne Lage
€–€€€ Preiskategorien

Planen – Packen – Losfahren

Hol dir den Soundtrack zum Urlaub auf **Spotify** unter **MARCO POLO Croatia**

Die besten Touren in Kroatien & Montenegro

MARCO POLO
Digitale Extras

TOUREN-DOWNLOAD

**Alle Touren aus diesem Band
als gpx-Download
zur einfachen Orientierung**

marcopolo.de/camper-guide/kroatien_montenegro

Trendziele, Inspiration und aktuelle Infos findest du auf
marcopolo.de

PLAYLIST ZUM ROADTRIP

Den Soundtrack für deinen Urlaub gibt's auf Spotify unter MARCO POLO Croatia

Code mit Spotify-App scannen

Alle Infos zum digitalen Angebot unter
marcopolo.de/app

Best of Campingplätze

LOGENPLATZ

Am Škrila Sunny Camping auf der Insel Krk parkt dein Womo so genial, dass die Adria zum Fenster hineinleuchtet.

1 *So geht Stadtcamping*

Du kennst das Elend. Kaum willst du als Camper mal eine große City mitnehmen, wird's schwierig: voll, unromantisch, laut. Ganz anders beim **Camp Zagreb** vor den Toren der Hauptstadt – Top-Verkehrsanschluss, eigener Seezugang, Kajakfahrten, Liegewiese, super Wellnessbereich, Reitschule und ein erstklassiges Pizzalokal. Ein Grund mehr, nach Zagreb zu reisen! ▶ S. 37

2 SCHAU MIR IN DIE AUGEN, ADRIA!

Auf der Insel mit dem witzigen Namen Krk findet ihr eine Menge traumhafter Ecken. Eine davon ist ganz sicher ganz im Süden beim Ort Stara Baška. Der Platz **Škrila Sunny Camping** ist aber nicht nur toll direkt am Kiesstrand gelegen, sondern auch einfach wunderbar angelegt: Durch die terrassenförmige Anordnung genießt ihr von den Stellplätzen ein Wahnsinnspanorama aufs Meer. ▶ S. 67

3 Robinsonade

Viel einsamer als an der Südküste der Insel Hvar wird es nirgendwo. Viel schöner aber auch nicht. Das ideale Fleckchen Erde zum Übernachten ist hier **Lili Camp and Apartments.** Zwar passen hohe Wohnmobile leider nicht durch den Tunnel auf der Zufahrt. Alle anderen genießen aber idyllische Stellplätze unter Pinien und Sandstrände in direkter Nähe. ▶ S. 109

4 Herzlich willkommen

Beim **Mindel Camp** auf der Insel Korčula fühlt ihr euch direkt familiär aufgehoben: Die Betreiber strahlen eine Gastfreundschaft aus, die man nicht vortäuschen kann und helfen mit Rat und Tat aus. Hinzu kommt die absolut ruhige Lage abseits aller Durchfahrtsstraßen und der tiefe, erholsame Schlaf unter Oliven- und Mandelbäumen. ▶ S. 127

5 DAS SURFERCAMP AM RIESENSTRAND

In Montenegro sind Sandstrände rar gesät. Umso mehr glänzen den Einheimischen die Augen, wenn sie von ihrem ganzen Stolz sprechen: der Velika Plaža, also dem Großen Strand. Dieser hat genug Platz für Dutzende Campingplätze, die dann jeweils mit Restaurant samt Bar und hauseigenem Strandabschnitt inklusive Schirmen und Liegen ausgestattet sind. So auch beim **Safari Beach Camping.** Der Knüller hier ist, dass die Stellplätze nicht nur direkt am Sandstrand liegen, sondern gleichzeitig wunderbar schattig unter großen Bäumen. Und weil's selbst auf dem breitesten Strand, selbst auf der schönsten und schattigsten Sonnenliege irgendwann langweilig wird, ist dieser Abschnitt auch noch bestens geeignet zum Surfen und Kitesurfen. ▶ S. 177

Entdecke Kroatien & Montenegro

HAUFENWEISE

Hvar steht hier exemplarisch für viele Adriahäfen: Altstädte wie gemalt zwischen Hügel und Wasser.

Historisch betrachtet sind eher Serbien und Montenegro ein enges Pärchen, über Jahre untrennbar, ja sogar ein und derselbe Staat. Sprache, Religion, Politik – das passte alles zusammen wie Yin und Yang. Doch nun sind alle frei und unabhängig und plötzlich gab´s einen Partnertausch: Kroatien und Montenegro ergänzen sich jetzt perfekt mit ihrer gemeinsamen, unfassbar schönen Adriaküste, den Inseln, Halbinseln und Buchten, den großen und kleinen Seen, Bergen und Schluchten im Hinterland. Und dass die Klöster hier katholisch und dort orthodox sind, dass einer in der EU ist und der andere noch nicht, ist dann eben das Salz in der Suppe.

Read.me

Niemand in Montenegro hat an coole Internetadressen gedacht, als das Land 2006 seine Unabhängigkeit von Serbien erklärte. Aber als man dann eigenständig war, musste plötzlich ein Länderkürzel her. Die Endung .me war noch frei, also griff man zu. Natürlich kann jeder seiner Domain eine beliebige Endung geben, egal in welchem Land man wohnt. Witzig wurde es dann, nachdem die Marketingexperten dieser Welt auf die Endung aufmerksam wurden. Mit dem „me" wird die Adresse zur Aufforderung: follow.me oder forgive.me sind nur zwei der offensichtlichsten Beispiele. Als in den USA ein Werbespot mit dem Slogan „Du bist kein Unternehmen, du bist eine Person" die Zuschauer ermunterte, .me statt .com für ihre privaten Seiten zu verwenden, wurde gut die Hälfte der .me-Adressen in Amerika vergeben. Zunächst verwaltete die montenegrinische Regierung die Domäne und verdiente 17 Mio. Euro daran. Cool verdientes Geld.

Tuchfühlung

Wenn du keine schmalen Straßen magst, wird's schwer. Sicher, Autobahnen und Fernstraßen werden von Jahr zu Jahr besser und breiter. Aber in den Bergen und an der Küste landet ihr immer wieder auf diesen engen Wegen, bei denen man gar nicht glaubt, dass da zwei aneinander vorbeipassen. Und dann geht's doch, sogar mit Bus oder Womo. Und wenn's gar nicht langt, gibt's genügend Ausweichbuchten. Einfach immer locker bleiben.

SCHUTZHEILIGENFEIER

Jede orthodoxe Familie in Montenegro hat einen eigenen Schutzpatron. An dessen Namenstag wird gefeiert: Slava heißt die mehrtägige Party mit heidnischen Wurzeln. Tagelang bereiten die Menschen eifrig rituelle Speisen vor und putzen Haus und Hof, bis am Festtag schließlich der Pope anrückt und alles segnet. Danach gibt es kein Halten mehr.

SERBOMONTEKROATISCH

Es war eine verdammt knappe Kiste: Bei der Volksabstimmung zur Trennung von Serbien stimmten im Mai 2006 genau 55,49 % der Montenegriner für die Unabhängigkeit. Richtig viele wollten lieber in Serbien bleiben. Man hatte es sich doch beim großen Bruder irgendwie ganz gemütlich eingerichtet. Nach der beschlossenen Scheidung wurde per Verfassung Montenegrinisch als Amtssprache eingeführt. Wobei die Unterschiede zum Serbischen eher klein sind. Meistens ist's nur eine etwas andere Aussprache. Zum Kroatischen gibt's auch verschiedene Wörter, aber man versteht sich. Die beiden, die ihr kennen solltet, sind sowieso gleich: *dobar dan* (guten Tag) und *hvala* (danke). Der Süden Montenegros, wo die albanische Minderheit lebt (5 % der Bevölkerung), ist offiziell zweisprachig.

AUF EINEN BLICK

3,86 Mio.

Einwohner hat Kroatien

[Montenegro: 633.000]

6000 km

Kroatiens Küstenlänge

[Montenegro: 294 km]

1300 m

tief ist die 78 km lange Tara-Schlucht

[die tiefste Europas]

Fläche Kroatiens

56.594 km²

[Montenegro: 13.812 km²]

52

MENSCHEN LEBEN IM KROATISCHEN HUM, EINER DER KLEINSTEN STÄDTE DER WELT

ZU KROATIEN GEHÖREN

über 1000 Inseln

[zu Montenegro 23]

Montenegros höchster Berg: Bobotov Kuk

2522 m

KROATIEN: DINARA, 1830 M

10.000

Olivenbäume in der Stadt Bar sind über 1000 Jahre alt, einer davon geschätzt über 2000 Jahre

450

LUXUSYACHTEN LIEGEN IM PORTO MONTENEGRO

DAS MACHT 100 MARDER!

Ein süßes Tierchen, wenn es nicht gerade die Kabel im Auto zerbeißt: der Marder, auf Kroatisch *kuna*. Und auf dem kroatischen Geld war er auch überall drauf. Die Währung hieß nämlich Kuna, das Pendant zum Cent war die Lipa (Linde). 2023 wurde aber offiziell der Euro eingeführt und Scheine und Münzen mit Nagern und Bäumen sind nur noch Sammlerstücke.

Es grünt so grün ...

Nicht viele hätten Zagreb auf dem Zettel als eine der ersten europäischen Hauptstädte mit grünem Oberbürgermeister. Mit unverbrauchten 39 Jahren wurde der Aktivist Tomislav Tomašević Mitte 2021 mit fast zwei Drittel der Stimmen ins Amt gehievt, das zwei Jahrzehnte lang von Vetternwirtschaft und Filz geplagt war. Auch auf Landesebene geht der Trend gerade von katholischem Nationalismus zu Weltoffenheit.

Lasst uns reden!

Ob ihr's wollt oder nicht: Um das Thema Jugoslawienkriege (auch Balkankriege genannt) kommt ihr kaum herum, wenn ihr mit Einheimischen mehr reden wollt als Small Talk. Montenegro stand in den 1990er-Jahren an der Seite Serbiens und damit im brutalen Konflikt mit Kroatien. Viele weltoffene Menschen auf beiden Seiten der Grenze sagen heute Sätze wie „Wir sind alles Menschen" oder „Gerade die jüngeren Generationen begegnen sich freundlich". Gleichzeitig ist es immer noch ein schwieriges Thema – zu tief die Verletzungen, zu präsent die Erzählungen vergangener Grausamkeiten. Allzu viele Kroaten werdet ihr auch heute noch nicht in Montenegro herumfahren sehen. Gut, das liegt auch daran, dass sie ihre eigene, tolle Adriaküste haben. Der gegenseitige Austausch kommt seit Kurzem erst so richtig in Gang. Also: Einfach zuhören und immer fleißig die Schönheit des Landes loben, in dem ihr gerade seid.

KLEIN, KLEINER, HUM

Das kroatische Städtchen rühmt sich, das kleinste der Welt zu sein.

Essen & Trinken

FISCHERS FRIĆ

Fangfrisches aus dem Meer steht an der Adria natürlich besonders hoch im Kurs.

Natürlich sind Kroatien und Montenegro zwei selbständige Länder und dementsprechend besitzen sie ihre eigenen Einflüsse und Traditionen. Wegen ihrer langjährigen gemeinsamen Vergangenheit auf dem Balkan haben sie aber mehr Gemeinsamkeiten als Unterschiede – selbst die Namen sind oft ganz oder fast identisch. In diesem Sinne sind alle hier genannten Speisen, Getränke, Bezeichnungen und auch Gewohnheiten für beide gleichermaßen beschrieben, wenn nicht ausdrücklich anders erwähnt. Am Ende einer tollen Mahlzeit steht übrigens immer der Kaffee – traditionell als starker, kleiner Mokka.

Biernachschub

Woran man sich in unseren Breiten schon gewöhnt hat, lässt die Bedienung – sowohl in Kroatien als auch in Montenegro – witzigerweise durchgehend vermissen: sanfte Überredungskunst. Das große Bier neigt sich langsam dem Ende zu, doch die Frage der vorbeirauschenden Servicekraft – „Noch so eins?" – bleibt aus. Wenn alles Bestellte serviert ist, wird man in Ruhe gelassen. Eigentlich doch auch ganz nett, oder? Das heißt aber nicht, dass ihr lange warten müsst: Die Aufmerksamkeit des Personals habt ihr fast immer. Es reicht ein Handzeichen. Bleibt nur der fiese Nebeneffekt, dass man selbst zum zweiten oder dritten Bier stehen muss – niemand hat euch dazu genötigt! Nach Dessert- und Kaffeewünschen werdet ihr beim Abräumen der Teller aber auch auf dem Balkan manchmal gefragt.

Abendmahl

Wie überall in Südeuropa wird die Hauptmahlzeit auch hier abends eingenommen. Dann ist es schließlich am gemütlichsten und dazu können nach verrichteter Arbeit am Ende des Tages auch Bier oder Wein mit besserem Gewissen konsumiert werden. Zu spät solltet ihr euch aber auch wieder nicht auf die Socken machen, denn anders als in manchen mediterranen Ländern geht's schon am frühen Abend los. Im Gegenteil: Um 22 Uhr werden in vielen Restaurants bereits langsam die Stühle hochgestellt – abgesehen vielleicht von absoluten Touristen-Hotspots in der Hauptsaison. Danach finden sich nur noch Kneipen, in denen es bestenfalls ein paar Erdnüsse oder Pistazien zum Wein gibt. Fast überall wird auch mittags und dann durchgehend bis zum Abend warmes Essen serviert. Frühstück wie wir es kennen, schon gar mit Käse und Wurst, ist hier eher fremd, wird aber Reisenden aus Europas Norden in Hotels kredenzt.

FLEISCHLOS GLÜCKLICH

In der Heimat von Ćevapčići (Hackfleischröllchen), Pljeskavica (Hacksteak), Fischen und Meeresfrüchten stehen Vegetarier oft ratlos vor klassischen Speisekarten. Aber nicht verzagen – es finden sich fast immer auch ein paar köstliche Alternativen. Außer Pizza und Pasta mit reiner Gemüsebeigabe sind besonders Grillgerichte zu empfehlen, von Zucchini über Paprika bis hin zu Auberginen. Und *dolma*, gefülltes Gemüse oder Weinblätter, gibt's auch in fleischloser Variante.

Cooler Roter

Jeder, der einen Hauch Ahnung hat von Weinen, kennt die Regel: Weißwein und Rosé gekühlt trinken, Rotwein bei Zimmertemperatur oder minimal darunter. Aber am Abend eines heißen Tages schmeckt auch der rote Hauswein, so fruchtig und frisch wie er ist, leicht gekühlt serviert hervorragend.

MENÜKARTE

Vorspeise

Paški sir
Edler Schafskäse aus Dalmatien

Kajmak
Cremige Schichtsahne (auch als Beilage zu Hauptspeisen)

Riblja čorba
Fischsuppe

Hauptgerichte

Ćevapčići
Hackfleischröllchen mit Pommes Frites und würziger Gemüse-paste Ajvar

Gefüllte Zucchini
Mit Reis, Käse und Champignons

Calamari-Ringe
Gegrillt und mit Reis serviert

Orada
Gegrillte Dorade mit Kartoffeln

Burek
Blätterteiggericht mit Fleisch- oder Pilzfüllung

Kartoffel-Gemüse-Gratin
Mit Käse überbacken

Desserts

Rožata
Kroatische Crème Caramel mit Zitronenschale

Baklava
Blätterteig mit Nuss-, Mandel- oder Pistazienfüllung sowie Honig

Palačinke
Dünne Pfannkuchen im Stil von Crèpes mit Schokoladenfüllung

Salenjaci
Plundergebäck mit Schmalz und Marmelade

Getränke

Slivovica
Traditioneller Obstbrand aus Zwetschgen

Plavac-Rotwein
Aus der Plavac-Mali-Rebe

Rakija
Digestif, Obstbrand aus vergo-renen Früchten

Kava
Starker Mokka mit Bodensatz

DURSTIGE KELLNER

Das Personal in Gaststätten wird meist nicht gut bezahlt – auch weil man darauf setzt, dass die „reichen" Touristen ihre Geldbörsen öffnen. Dabei geben Reisende oft gar nicht so viel Trinkgeld – weil sie so spontan nicht richtig kalkulieren oder weil sie ihre Urlaubskasse hüten wollen. Darum: ruhig großzügig sein (10 % ist auf keinen Fall zu viel). Wer gut essen geht, kann auch die Einheimischen an der Freude teilhaben lassen!

Klebrig gut

In Montenegro haben sich die türkischen Einflüsse der Küche erhalten. Das schönste Beispiel dafür ist die Süßspeise *baklava* mit Blätterteig, Honig und Mandeln, Nüssen oder Pistazien, die gerade im Zusammenspiel mit einem belebenden Tee im orientalischen Stil volle Kraft entfaltet. Mit einem Espresso schmeckt's natürlich auch.

Das Murmeltier lässt grüßen

Im *restoran* fandet ihr's am Vorabend ein bisschen teuer und wollt nun mal euer Glück in einer *konoba* probieren, einer der in Kroatien und Montenegro besonders verbreiteten, urigen Weinschenken? Gute Idee, denn meist ist es dort kleiner, gemütlicher und Atmosphäre sowie Gerichte sind typischer. Soweit alles OK, aber jetzt kommt die Rechnung ... und der Preis ist fast der gleiche wie gestern. Nicht, dass alle Gastronomen an der Adriaküste sich abgesprochen hätten, aber am Ende landet man doch immer wieder mehr oder weniger bei der gleichen Ausgabe – natürlich abgesehen von Besuchen in wirklich einfachen Imbissen auf der einen und Edelrestaurants auf der anderen Seite des Spektrums. Die einzige Chance, den Preis in einem Lokal mit Bedienung zu drücken, ist eine Trattoria oder Pizzeria im italienischen Stil – wobei man dann in der lockeren Atmosphäre gern ein paar Gläser mehr trinkt und am Ende doch wieder beim altbekannten Geldbetrag landet.

BITTERSÜSSER GENUSS

Besonders im südlichen Montenegro schmeckt's bei Mokka und Baklava schon sehr orientalisch.

Trend- & Funsport

Rafting

Wann? Trotz Neoprenanzug wird's in den Stromschnellen der lebhaften Flüsse schnell kalt – deswegen am besten von Mai bis September.

Wo? Auf der Tara durch den tiefen Canyon in den Durmitor-Bergen Montenegros. Aber auch auf dem Flüsschen Cetina südöstlich von Split.

Wie? Der Tourenveranstalter übernimmt Ausrüstung, Einweisung und Durchführung. Gut ist u. a. Croatia Rafting (Omiš, Kroatien, *croatiarafting.com*, ab ca. 38 €/Pers.)

Mountainbiking

Wann? Am einfachsten ist's im Sommerhalbjahr, aber mit entsprechenden Reifen und Erfahrung jederzeit.

Wo? Ob Istrien, Dalmatien, die Umgebung von Zagreb, der montenegrinische Lovćen-Nationalpark oder das Durmitor-Gebirge: ausgewiesene Trails sind zahlreich.

Wie? Guten MTB-Veranstalter suchen und Ausrüstung leihen oder Tour buchen, z. B. bei Pedalistra (Žminj, Kroatien, *pedalistra.hr*, Leihgebühr 15 €/Tag, organisierte Touren in Istrien).

Seekajak

Wann? Von Frühling bis Herbst, nach Absprache mit dem Anbieter sind auch Wintertouren mit spezieller Kleidung möglich.

Wo? Die gesamte Adriaküste Kroatiens und Montenegros sind ideale Reviere, um ein gutes Gefühl für das Seekajak zu bekommen. Dank der vielen vorgelagerten Inseln (Kroatien) und Buchten ist das Salzwasser auch meist relativ ruhig. In der tiefen, fjordähnlichen Bucht von Kotor oder auch auf dem Skutarisee geht's auch locker mit einem klassischen Kajak.

Wie? Kajakverleihe stehen zu Dutzenden an der Küste zur Verfügung. Auch geführte Touren zu Inseln, Lagunen oder tollen Stränden machen Spaß – z. B. mit Kotor Bay Tours (Kotor, Montenegro, *kotorbaytours.com*, geführte Tour ca. 40 €/Pers., mind. 4 Pers.).

Jetski

Wann? Da ihr in jedem Fall wasser- und kälteabweisend eingepackt seid, ist dieser Spaß ganzjährig zu haben, allerdings öffnen die meisten Betreiber nur von Frühling bis Herbst.

Wo? Besonders an Kroatiens verwinkelter dalmatinischer Küste mit ihren vielen Inseln sind großartige Spots zu finden, aber auch Montenegro ist mit der Bucht von Kotor und der Gegend um Budva mit von der Partie. Sogar am Skutarisee gibt es Anbieter.

Wie? Jetski kann man sowohl im Rahmen einer geführten Tour fahren oder auf eigene Faust. Der Veranstalter/Vermieter sorgt jeweils für die komplette Ausrüstung. Eine Top-Adresse: Jet Ski Safari (Trogir, Kroatien, *jetskisafaritrogir.eu*, ein Jet für 2 Pers. ab 220 €/2 Std. inkl. Guide und Zeit zum Schwimmen und Schnorcheln).

OMG MTB

Die Berge beginnen in Kroatien und Montenegro gleich hinter der Küste.

Die besten Touren in Kroatien & Montenegro

VOGELPERSPEKTIVE

Einige Aussichten, wie hier an der Bucht von Kotor, sind fast zu schön, um wahr zu sein.

Alle Touren im Überblick

Cegléd
Dunaújváros
Magyarország
Nagykanizsa
România
Caransebeș
Hrvatska
Рума
БЕОГРАД
Modriča
Bosna i Hercegovina
(Босна и Херцеговина)
Србија
Schöne Aussichten: Altstädte, Burgen, Berge und Wasserfälle
Seite 86
Von Šibenik nach Makarska
Schöner wird's nicht
Seite 134
D
12
Makarska
Žabljak und der Nationalpark Durmitor
Von Dubrovnik nach Cetinje
21
11
sel Hvar
F
G
Von Cetinje nach Žabljak,
Kosova
(Kosovo)
13
Insel Korčula
14
Südländische Küste und gigantischer Canyon
Seite 158
Dubrovnik
Kotor
17
15
16
Herceg Novi
E
Von Makarska nach Dubrovnik
Cetinje
18
20
Virpazar und der Nationalpark Skutarisee
Budva
СКОПЈЕ
19
Ulcinj
Shqipërisë
Северна Македонија
Süddalmatien in seiner ganzen Herrlichkeit
Seite 110
TIRANË
Струга

ZIEGELMUSTER

Nicht nur über den Dächern ist die kroatische Hauptstadt Zagreb ein echter Blickfang.

Tour A

Kroatien von innen: zwischen Hauptstadt und Küste
Von Zagreb nach Rovinj

Start & Spot **1** **Zagreb** ▶ S. 32

168 km

Spot **2** **Rijeka** ▶ S. 38

115 km

Ziel & Spot **3** **Rovinj** ▶ S. 42

Kroatien, das ist vor allem ganz viel Küste – aber eben nicht nur: Die im Zentrum schöne, spannende und lebhafte Hauptstadt Zagreb liegt vielleicht nicht immer direkt an der Strecke, aber sie sollte in euren Reiseplänen auf keinen Fall fehlen. Von dort geht es einmal quer durchs Binnenland über den Bierort Karlovac bis ans Meer auf Höhe der Hafenstadt Rijeka samt naher Strand-Riviera, dann einmal übern Aussichtsberg eines kleinen Nationalparks rüber auf die istrische Halbinsel und zur Knaller-Altstadt von Rovinj.

Strecke **283 km**

Reine Fahrzeit **ca. 5 Std.**

Streckenprofil **Mautpflichtige Autobahn zwischen Zagreb und Rijeka. Ansonsten teils engere Straßen, in den Bergen Steigungen und Serpentinen, aber gut zu befahren.**

Empfohlene Dauer **7 Tage**

Anschlusstouren

B C

FACTS

Tour A im Überblick

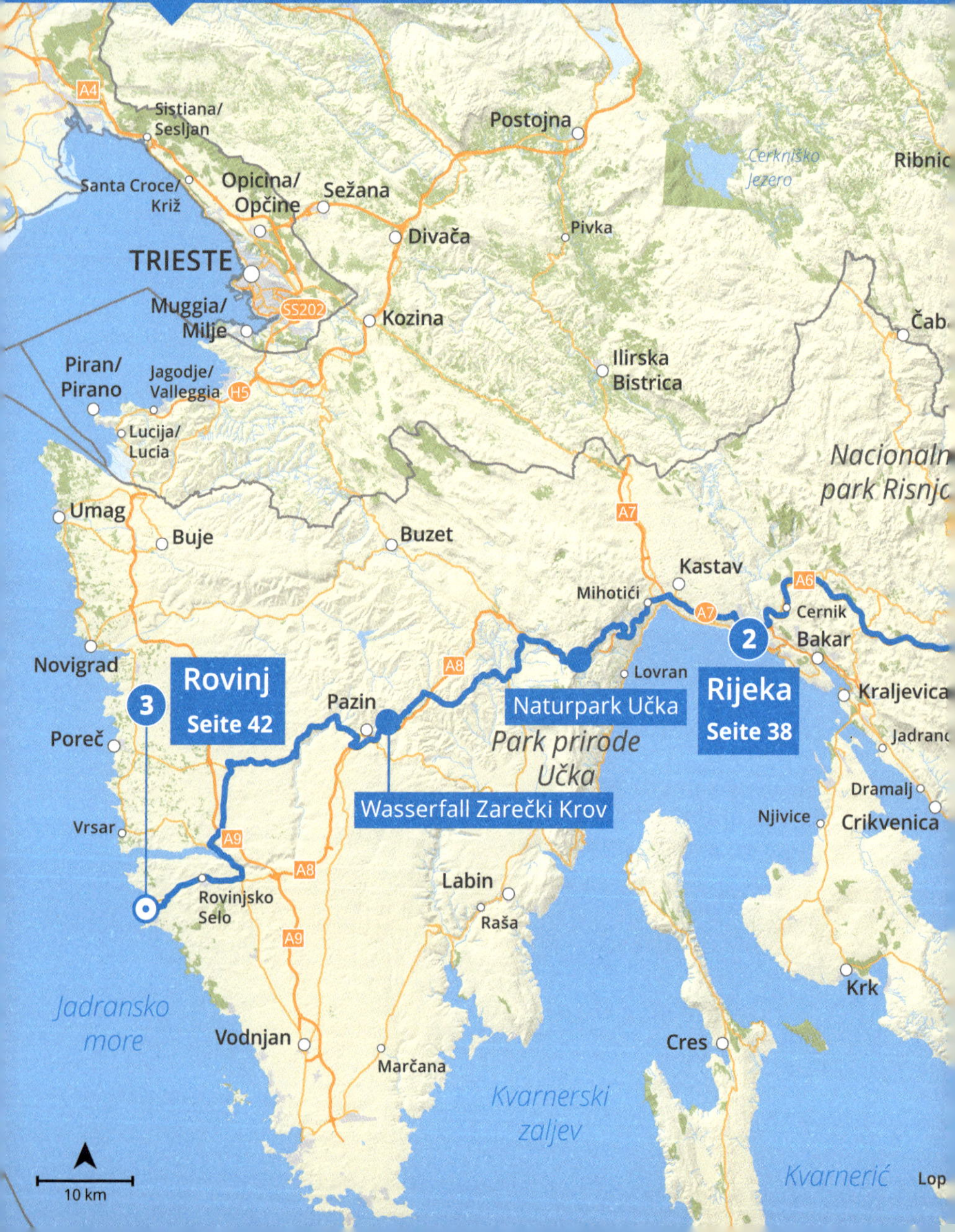

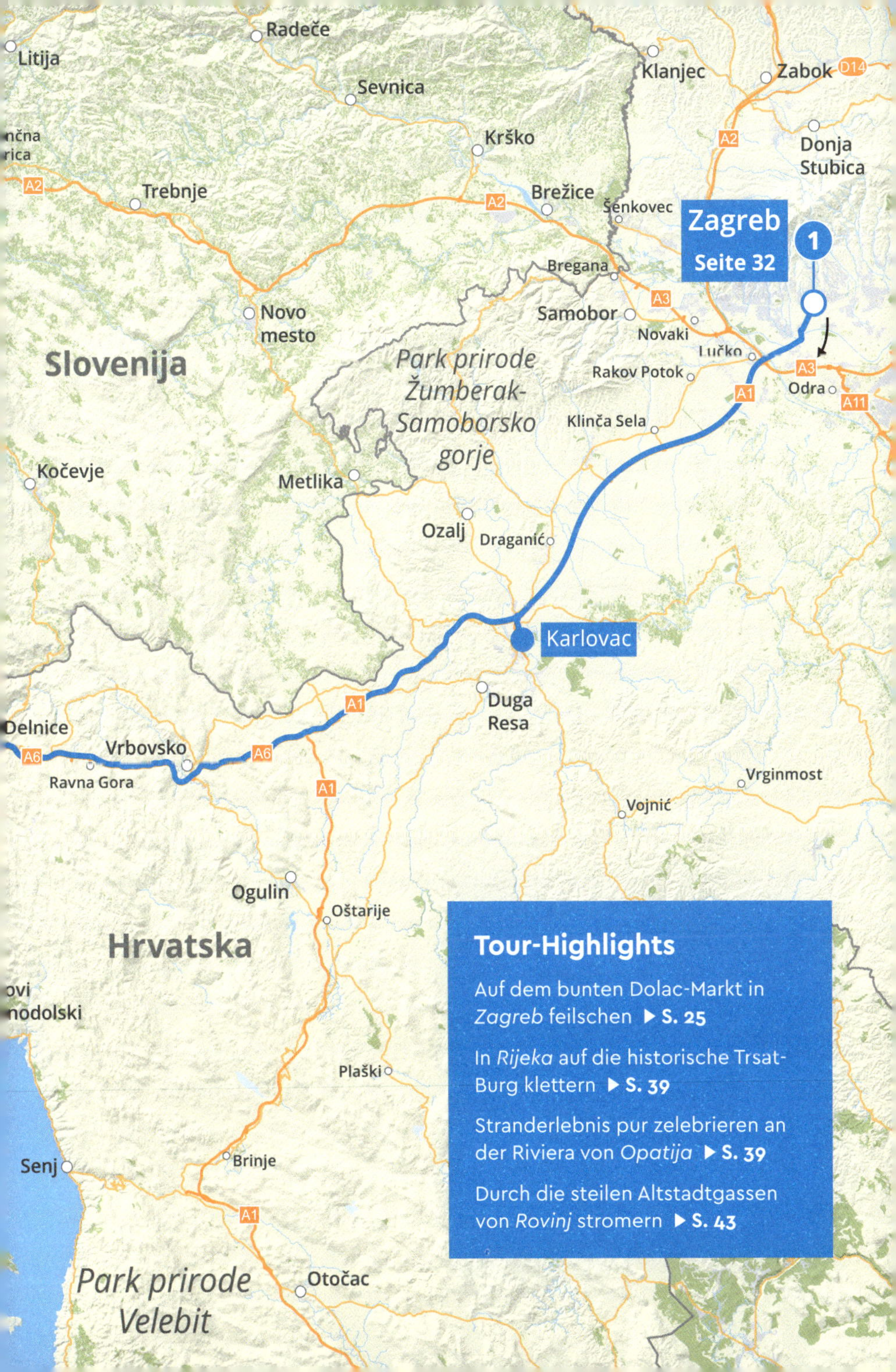

Tour-Highlights

Auf dem bunten Dolac-Markt in *Zagreb* feilschen ▶ **S. 25**

In *Rijeka* auf die historische Trsat-Burg klettern ▶ **S. 39**

Stranderlebnis pur zelebrieren an der Riviera von *Opatija* ▶ **S. 39**

Durch die steilen Altstadtgassen von *Rovinj* stromern ▶ **S. 43**

A Tourenverlauf

LOS, GEHT'S!

Start & Spot **1**

Zagreb

Kroatien in echt ▶ **S. 32**

54 km

Nach Zagreb hält euch nun nichts mehr auf, die kroatische Küste zu erstürmen. Und weil es dort so viel zu sehen gibt, nehmt ihr aus der Hauptstadt lieber die bequeme Autobahn, auch wenn sie mautpflichtig ist. Aus dem engeren Zentrum geht's erst nach Süden und dann südwestlich auf der Jadranska Avenija. Die Autobahn mit den Zielen Karlovac und Rijeka ist von Anfang an bestens angekündigt. Nicht verwirren lassen: Karlovac ist auch per Landstraße ausgeschildert, die grob parallel verläuft. Die Autobahn lohnt sich aber. Beim Dorf Lučko am Stadtrand Zagrebs beginnt sie dann endlich. An der Schranke ziehst du ein Ticket, nach ca. 45 km Autobahnkilometern bei der Ausfahrt ins Stadtzentrum von Karlovac muss per Karte oder Bargeld bezahlt werden. Fahrzeuge unter 1,90 m Höhe und unter 3,5 t sowie Pkw mit Anhänger fallen bei den Gebühren in die Kategorie II – für die fast 150 km von Zagreb bis Rijeka muss man aktuell 16,80 € bezahlen, Fahrzeuge über 3,5 t kommen auf 22,50 €.

Karlovac

Zeit für einen Boxenstopp – ganz besonders, wenn ihr morgens ohne Kaffee und richtiges Frühstück aus Zagreb herausgefahren seid. Die Biertrinker unter euch werden den Namen Karlovac in ganz Kroatien sowieso ständig vor Augen haben, denn hier residiert die vielleicht berühmteste Brauerei des Landes. Auch ein paar Schritte wert: das kleine historische Zentrum des Ortes. Ein Ensemble alter, teils wirklich schicker Gebäude, verteilt auf einige Gässchen. Ein wenig ist noch alles im Dornröschenschlaf, die meisten Fassaden warten noch auf ein paar Farbeimer. Trotzdem spannend. Und gleich am Rande des Altstädtchens gibt's viel Grün und eine Handvoll guter Gartenlokale – von Café bis Restaurant. Das alles ist von der Autobahn in drei Minuten erreicht, Parkplatzprobleme kennt man hier in der Regel auch nicht. Und dann gibt's ja noch das berühmteste Gebäude von Karlovac:

Dubovac Burg

Die charakteristische, sechseckige Festungsanlage am Stadtrand ist gut ausgeschildert und leicht zu erreichen. Die heutige Form stammt größtenteils aus der Renaissance des 15. Jh. Das Bauwerk inmitten der

Natur bietet euch einen perfekten Spaziergang für heiße Tage: draußen viele Bäume, drinnen Kühle hinter dicken Mauern. Sogar ein Hotel war hier mal drin. Das hat man aber wieder ganz schnell geschlossen: zu viel Schaden für das historische Gebäude! Jetzt ist's einfach ein kleines Burgmuseum. Der Eintritt lohnt für den rechteckigen Turm mit toller Aussicht auf Stadt und Umgebung. Im Innenhof wird ein richtig gutes Biergarten-Café-Restaurant namens **Bistro Kastel** betrieben.

i *Di–So 10–18, Juni–Sept. bis 20 Uhr | 3 € | Zagrad-Gaj ul. 5, Karlovac | mgk.hr*

Konoba Kostanjac

Wer auf Meeresfrüchte steht, wird dieses traditionelleQ-Restaurant als glücklicher Mensch verlassen. Auch die Steaks und die Klassiker der kroatischen Küche wie Ćevapčići sind top. Rustikal eingerichtet, netter Innenhof, zentral gelegen, gute Bedienung – das passt alles.

i *Mo–Do 9–22, Fr 9–23, Sa 10–23 Uhr | ul. Janka Draškovića 1, Karlovac | Tel. +385 47 61 37 40 | Facebook: Kostanjac | €€*

Insider-Tipp

Zum Wegknuspern

Probier in der Konoba Kostanjac die ***Calamari,*** *diese frittierten Tintenfischringe sind auf fast jeder kroatischen Speisekarte zu finden, doch selten schmecken sie so gut wie hier.*

TRUTZIG-PUTZIG

In der Dubovac-Burg sind die Lego-Designer zur Schule gegangen.

WAHNSINNSKUNST

Die Graffiti in Rijeka lassen einem die Augen aus dem Kopf fallen.

114 km Ihr kehrt in Karlovac zur selben Autobahnausfahrt zurück, zieht wieder ein Maut-Ticket und auf geht's per Highway komfortabel über Berge und durch Tunnel, bis die Adriaküste endlich in voller Pracht zu sehen ist. Nach knapp 100 km geht die Autobahn weiter in Richtung Split und Dubrovnik, aber ihr nehmt die Ausfahrt ins Zentrum von Rijeka und zahlt dort noch einmal an der Schranke.

Spot 2

Rijeka

Promenaden und Traumstrände ▶ S. 38

Optionaler Anschluss: Tour B und Tour C

Nun reicht es mit Autobahn und Maut: Der riesige, zahlungspflichtige Učka-Tunnel von Rijeka auf die istrische Halbinsel ist sowieso zu den Stoßzeiten im Sommer chronisch verstopft. Nehmt stattdessen die gut befahrbare Bergstrecke durch den Učka-Naturpark. Aus Rijeka fahrt ihr westwärts auf der kostenfreien A7 (E61), weiter auf der A8 (E751) südwestlich in Richtung Pula. Kurz vor dem Tunnel verlasst ihr die A8 und biegt auf die Straße Balaći in den Učka-Naturpark. Ihr wisst, dass ihr richtig seid, wenn die Kurven und leichten Serpentinen beginnen, die sich aber mit jedem Fahrzeug bestens bewältigen lassen. Auf der Passhöhe lenkt ihr euer Gefährt zum Parkplatz.

Naturpark Učka

Abgesehen von der Besichtigung der Multimedia-Ausstellung im **Poklon Visitor Centre,** dem Besucherzentrum des Naturparks hier oben, lassen sich vom Parkplatz noch drei andere Sachen ganz hervorragend erledigen. Das erste ist ganz einfach und fordert überhaupt keine Überwindung: die herrliche Aussicht auf Rijeka, Opatija mit seinen Stränden und die nordöstliche Küste von Istrien genießen. Allein dafür lohnt die Auffahrt. Etwas kniffliger ist da schon der **Abstieg nach Opatija,** der von hier möglich ist – natürlich auch umgekehrt als Aufstieg machbar. Alles schön und gut, aber die dritte Option ist schlicht und ergreifend der Hammer: der Aufstieg auf den höchsten Gipfel dieses kleinen Bergmassivs, den 1401 m hohen **Vojak,** ist. Sicher, die gut 450 Höhenmeter gehen so richtig in die Beine, aber der Rundumblick vom charakteristischen Steinturm ganz oben entschädigt nicht nur einfach für die Strapazen, sondern wird euch happy machen. Bei kristallklarer Luft blitzt sogar Venedig am Horizont. Du musst für diese mittelschwere Hiking-Tour kein geübter Bergsteiger sein, solltest dich aber fit fühlen. Zudem lohnt es sich nicht wirklich bei trübem und wolkigem Himmel. Doch wenn die Sonne scheint: alter Kroate!

i *Poklon Visitor Centre; tgl. 8–16 Uhr | Ausstellung 6–10 € | Poklon 8, Ičići | geführte Touren Tel. +385 51 77 01 00 | pp-ucka.hr; Wanderung zum Vojak-Gipfel (Put za Vojak): Start am Parkplatz, Dauer insgesamt ca. 5 Std.*

P *GPS 45.308332, 14.215753*

Insider-Tipp

Ihr seid keine Gipfelstürmer?

*Kein Ding, es gibt auch noch den sehr attraktiven kürzeren Wanderweg zum **Wasserfall Slap Banina** (Dauer insgesamt ca. 1 Std., Infos auf pp-ucka.hr unter "Slap Walking Trail").*

Dopolavoro

Den Weg zum Vojak-Gipfel nicht ganz geschafft, aber trotzdem hungrig von der Bergluft? Dieses Restaurant mit schöner Terrasse, nur ein kurzes Stück die Straße entlang hinter dem Parkplatz, ist jedes Wanderers

Freund: traditionelle kroatische Gerichte, viel Wild, Trüffel, Honigschnaps aus eigener Herstellung. Hunde sind erlaubt und das nette Personal spricht sogar deutsch und gibt für jeden Appetit die richtigen Tipps. Dabei sind die Preise – vielleicht wegen der Lage abseits der ganz großen Touristenströme – vollkommen fair. Im Sommer kann's natürlich schnell voll werden, denn so viele Restaurants gibt's in der Gegend nicht.

i *Di–So 12–23 Uhr | Tunel Učka 9, Ičići | Tel. +385 51 29 96 41 | dopolavoro.hr | €€*

32 km Die Bergstraße schlängelt sich nun wieder langsam hinunter und trifft schließlich auf das Ende des Tunnels, der schnurgerade unter dem Učka-Naturpark verläuft. Wer die Nase voll hat von Kurven und Steigungen, kann hier die mautpflichtige A8 in Richtung Rovinj und Pula nehmen. Schöner ist's auf den kleinen, teils etwas bergigen und schmalen Straßen durch die Oliven- und Weindörfer – einmal quer über die istrische Halbinsel. Erst auf der Straße 500, dann hinter Boljunsko Polje nach rechts über Paz nach Pazin.

Wasserfall Zarečki Krov

Ein kleiner Halt direkt vor dem etwas größeren Dorf **Pazin** sollte schon noch drin sein, denn der Wasserfall ist nicht nur schnell von der Straße zu erreichen, sondern auch wirklich hübsch anzuschauen. Vom kleinen Parkplatz am Ende einer Schotterstraße sind's nur gut zehn Minuten zu Fuß. Wer hinunter zum Wasser will, sollte für den ziemlich steilen Weg aber keine Flipflops tragen. Zarečki Krov ist weniger ein reißender Schwall als ein netter Spritzer von einem felsigen Plateau hinunter ins große Wasserbecken, in dem du auch bestens ein kühlendes Bad nehmen kannst – also Badehose und -anzug einpacken oder am besten schon vorher anziehen. Einige springen auch mit dem Wasserfall von oben hinunter, was allerdings nicht ganz ungefährlich ist. Insgesamt ein herrliches Stück Natur für die perfekte erweiterte Pause –vor allem an warmen Tagen!

i *Wasserfall: GPS 45.249192, 13.961549*

P *GPS 45.248296, 13.961234*

Vita Mia Camping
Warum nicht mal eine Übernachtung ein wenig entfernt von der Küste, mitten im Herzland von Istrien? Auf diesem familiären, mit allem Not-

wendigen eingerichteten Platz freuen sich die sympathischen Betreiber noch ganz besonders auf ihre Gäste. Der Wasserfall ist gleich um die Ecke. Die Sanitäranlagen sind neu und es gibt sogar einen Pool und eine Bar. Perfekt auch für Fahrradausflüge.

i Lindar 131b, GPS 45.224976, 13.954000, Pazin | Tel. +385 99 447 17 30 | vitamia.camp | 14 Stellplätze (90–100 m² Fläche) mit Strom, Wasser und WLAN-Anschluss, auch Mobilheime

55 km Über die Dörfer Tinjan, Baderna und Medaki – auf den Straßen 48, dann 21 und schließlich 75 – führt die Route nach Brajkovići, dort rechts ab auf die 303 bis nach Rovinj.

Spot 3

Rovinj

Steile Altstadtidylle ▶ **S. 42**

Optionaler Anschluss: Tour B

BELLISSIMO

Rovinj, die kleine Perle der istrischen Halbinsel, zeigt viele italienische Einflüsse.

Spot 1

Zagreb
Kroatien in echt

Zu viel Action in den lebhaften Straßen mit Aberhunderten von Lokalen, zu viele tolle Ausblicke von der Ober- in die Unterstadt, zu viele spannende Gebäude und schräge Museen. Zu viel Gutes, um es einfach so zu verpassen. Und auch wenn die Metropole natürlich durch Studierende und Geschäftsleute aus aller Herren Ländern international geprägt ist, erscheint die Hauptstadt paradoxerweise doch manchmal noch authentischer kroatisch als die oftmals sehr touristische Küste.

P *Rund ums Zentrum finden sich immer mal wieder Straßenparkplätze zu fairen Preisen (mit Parkautomat), z. B. am schönen Zrinjevac-Park. Zuverlässiger, kühler und trotzdem erstaunlich bezahlbar (gut 13 €/Tag) sind die Parkhäuser, u. a. Javna Garaža Petrinjska (Petrinjska ul. 59, max. Höhe 2 m). Deutlich teurer ist die Garaža Cvjetni (Varšavska ul. 13, max. Höhe 2,20 m), dafür liegt sie perfekt im Zentrum und bietet geräumigere Stellplätze.*

AUSRUFEZEICHEN

Zagrebs Kathedrale hält immer noch den Höhenrekord in Kroatien.

AKTIVITÄTEN & SIGHTSEEING

1 In der City Kunst, Kultur und Regenbogenwand bestaunen

Am Cvjetni Trg (Blumenmarkt) tobt das Hauptstadtleben, nebenan am Platz Trg Republike Hrvatske glänzen das Nationaltheater und dahinter das über 130 Jahre alte, sehenswerte **Museum für Kunst und Handwerk.** Und dazwischen etwas Fröhlich-Modernes von 2014: die Musikakademie der Uni Zagreb *(Muzička akademija, muza.unizg.hr)* mit ihrem runden Stahlgehäuse in lustigen Regenbogenfarben. ***Infos:*** *Muzej za umjetnost i obr: wegen Renovierung geschl. | Trg Republike Hrvatske, Zagreb | muo.hr*

2 Kathedrale und Dolac-Bauernmarkt entdecken

Die Kathedrale aus dem 12. Jh. ist die größte gotische Kirche Südosteuropas und mit 108 m das höchste Gebäude Kroatiens. Auch das Innere beeindruckt. Gleich gegenüber drängen sich zwischen hohen Altstadtgebäuden Stände mit bergeweise Obst und Gemüse unter roten Sonnenschirmen. Fleisch, Fisch, Cafés und Bistros gibt's am Rande des Markts unter Dächern. ***Infos:*** *Zagrebačka katedrala: wechselnde Öffnungszeiten | Trg bana J. Jelačića, Zagreb; Dolac: Mo–Fr 6.30–15, Sa 6.30–16, So 6.30–13 Uhr*

3 Durch die schönsten Straßen der Altstadt schlendern

Auf der **Tkalčićeva-Straße** summt, brummt und vibriert es nonstop. Ob Einheimische oder Touristen – alle wollen flanieren, essen, trinken, kaufen, staunen. Die **Opatovina Ulica** ist ein süßes Gässchen mit guten Pubs, das am Park endet, die **Radićeva Ulica** klettert mit ihren Läden und Lokalen Richtung Oberstadt.

4 Per Standseilbahn nach oben gleiten

Gemächlich, aber entschlossen ruckelt die historische **Uspinjača** den steilen Hügel hinauf zur Oberstadt. Angeblich die kürzeste Standseilbahn der Welt, aber mit schönem Ausblick. ***Infos:*** *tgl. 6.30–22 Uhr alle 10 Min. | 0,66 €/Strecke | GPS unten: 45.813922, 15.973083, oben: 45.814499, 15.973105, Zagreb | zet.hr | Maulkorbpflicht für Hunde*

Knips dein Bild von der Treppe neben dem Eingang (GPS 45.813922, 15.973048), wenn beide Bahnen sich gerade kreuzen.

5 In die Unterwelt von Zagreb abtauchen

In den 1990er-Jahren feierte man im **Grič-Tunnel** Ravepartys, jetzt werden die schlichten, aber stimmungsvoll beleuchteten Röhren jedes Jahr zum Advent kreativ geschmückt. In Zukunft soll in der im Zweiten Weltkrieg gebauten Anlage ein Museum der Sinne entstehen. ***Infos:*** *tgl. 9–21 Uhr | Eintritt frei | Zugänge: Mesnička ul. GPS 45.814913, 15.970932, Radićeva ul. GPS 45.814775, 15.975617, Ilica ul. GPS 45.813830, 15.974634, Art Park GPS 45.814085, 15.972436, Zagreb*

6 Streifzug durch die Oberstadt

Die alten Gässchen der **Gornji Grad** gäben ein prima Filmset ab: Da sind u. a.

die St.-Markus-Kirche mit den bunten Dachziegeln samt Wappen-Design, das alte Parlament und der **Lotrščak-Turm** aus dem 13. Jh., von dessen Aussichtsterrasse täglich um 12 Uhr eine Kanone abgefeuert wird. Auf der Kamenita Ulica geht's durchs Steinerne Tor und vorbei an Betenden vorm Marienschrein wieder hinunter in die lebhafte Radićeva Ulica. ***Infos:*** *Kula Lotrščak: Di–So 11–19 Uhr | 3 € | Strossmayerovo šetalište 9, Zagreb | gkd.hr/kula-lotrscak*

Insider-Tipp

Die Stadt liegt dir zu Füßen

*Wer höher hinaus will und noch Power in den Beinen hat, marschiert vorbei am Stadtmuseum und am Sommerkino über Opatička Ulica, Dubravkin put und Jurjevska Ulica hinauf zum **Park Cmrok** – einem Hügel mit fantastischem Panorama.*

7 Verlorene Lieben betrauern

Das **Museum der Zerbrochenen Beziehungen** birgt eine clever gemachte Ausstellung mit teilweise skurrilen Exponaten: lustig, traurig und zum Nachdenken anregend. Wirklich mal etwas anderes! ***Infos:*** *Muzej prekinutih veza | tgl. 10–21 Uhr | 7 € | Ćirilometodska ul. 2, Zagreb | brokenships.com*

8 Auf den Bärenberg entfliehen

Die Straße hinauf zum **Naturpark Medvednica** ist zwar kurvig und steil, aber als Rundweg ohne Gegenverkehr herrlich zu befahren Unterwegs gibt's eine Menge Restaurants, tolle Panoramablicke und schöne Wanderwege, z. B. vom Restaurant Grofica zur Bliznec-Quelle beim Šumarev Grob. ***Infos:*** *Park prirode Medvednica: Rundfahrt 35 km, reine Fahrzeit 1–1,5 Std. | Wanderung: ab GPS 45.899770, 15.955063 ca. 45 Min. hin und rück. | pp-medvednica.hr*

9 Im süßen Samobor relaxen

Das Städtchen vor den Toren der Metropole hat einen großen Erholungsfaktor: der Hauptplatz voll von Cafés, Eisdielen und Restaurants, der Kurpark groß, hügelig und mit frischer Luft, die alte Holzbrücke übers Flüsschen Gradna sehenswert. Eine verwitterte Burgruine darf auch nicht fehlen. ***Anfahrt:*** *ca. 25 km/30 Min. vom Zentrum | über die Zagrebačka avenija, dann die A3 (E70)*

REGENTAG – UND NUN?

10 Sein und Schein verwechseln

Im **Illusionsmuseum** ist alles auf kleinstem Raum untergebracht. Bei den optischen Täuschungen wird euch auch auf Deutsch erklärt, wie ihr stehen, was ihr tun und von wo ihr fotografieren müsst. Für Kinder gibt's ein „intelligentes Spielzimmer" mit allen möglichen Detektivaufgaben. Das Personal ist engagiert und die Lage in der hübschen Ilica-Straße mit ihren vielen Lokalen und Geschäften kommt als Bonus hinzu. ***Infos:*** *Muzej iluzija: tgl. 9–22 Uhr | 9 € | Ilica 72, Zagreb | muzejiluzija.com*

ESSEN & TRINKEN

11 Amélie

Für ein zuckersüßes Frühstück oder eine perfekte Kaffeepause auf der schattigen Terrasse. Das Café mit französischem Touch bietet neben Kuchen und Torten zuweilen auch herzhafte Quiches. Mindestens eine Sünde wert: Chocolate Noisette und Tarte Pistache. ***Infos:*** *tgl. | Vlaška ul. 6, Zagreb | Tel. +385 1 558 33 60 | slasticeamelie.com | €€*

12 Submarine Burger

In diesem zünftigen Fast-Food-Laden werden nur hausgemachte, naturbelassene und lokal hergestellte Zutaten verwendet. Und genauso schmeckt's. Es gibt auch Burger für Vegetarier und Veganer, z. B. Avocado Vegan und sogar Truffle Vegan. Bei mehreren Filialen im Zentrum ist das nächste U-Boot nie weit. ***Infos:*** *tgl. | u. a. Frankopanska ul. 11 (Bogovićeva ul. 7, Tkalčićeva 12), Zagreb | submarineburger.com | €–€€*

13 Stamp

Nette Café-Bar in einer ruhigeren Ecke des Stadtzentrums. Perfekt für einen gechillten Ice Coffee an einem heißen Tag oder auch einen Cocktail am Abend (an Wochenenden bis in die Nacht). Dazu sehr faire Preise. ***Infos:*** *tgl. | pro. Sestara Baković 1, Zagreb | Tel. +358 95 354 05 44 | €*

14 Le Bistro im Esplanade Hotel

Im Hotel-Restaurant speisen – wie langweilig? Nix da! Das schicke Esplanade überrascht mit einem gemütlichen und gut bezahlbaren Gourmet-Lokal – ohne steife Atmosphäre. Für die Kreationen des Küchenchefs kommen selbst Einheimische regelmäßig her. ***Infos:*** *tgl. | ul. Antuna Mihanovića 1, Zagreb | Tel. +385 1 456 66 66 | lebistro.hr | €€–€€€*

FABELHAFTE WELT

Mitten im Zentrum, bei Amélie, gibt's kein Entrinnen vor der süßen Versuchung.

Insider-Tipp
Für hungrige Sparfüchse

Besonders günstig im Le Bistro: das ***Menu du Jour*** *(Tagesmenü, tgl. 12–17 Uhr).*

EINKAUFEN

15 Korica Bäckerei

Das Brot hier gehört zum besten, das die kroatische Metropole zu bieten hat. Auch Süßmäuler werden hier verwöhnt, z. B. mit Zimtschnecken. Croissants und Kaffee gibt's zum Sofortverzehr. ***Infos:*** *Preradovićeva ul. 39, Zagreb | korica.hr*

16 Kravata

Eine Krawatte als Reisesouvenir – warum nicht? Aushängeschild dieses sympathischen Lädchens sind die rot-weißen Schlipse im typisch-kroatischen Karomuster. ***Infos:*** *Radićeva ul. 13, Zagreb*

AUSGEHEN & FEIERN

17 The Swanky Bar

Abends und nachts wummern im Zagreber Zentrum viele Club-Beats oder es tönt Lounge-Musik. Wesentlich entspannter – und trotzdem mit ganz viel Spaß – wird dieses schicke Gartenlokal betrieben: ein bisschen Vintage, ein bisschen ruhiger, ein bisschen grüner, die Terrasse stimmungsvoll beleuchtet. Hier fühlst du dich wie unter Freunden. ***Infos:*** *tgl. | Ilica ul. 50, Zagreb | stayswanky.com*

18 Tolkien's House

Die Opatovina-Straße ist der Himmel auf Erden für Bierliebhaber – das Carpe Diem und andere Kneipen bringen Craft Beers und frisch gezapfte Klassiker in gechillter Umgebung auf den Tisch. Aber Tolkien's House ist nicht nur für „Herr der Ringe"-Fans (der Innenraum ist entsprechend dekoriert) die

GUT GEBUNDEN

Eine Krawatte im typisch-kroatischen Karomuster als das etwas andere Mitbringsel

schönste Wahl: klein, gemütlich, urig, viele regionale Biere. ***Infos:*** *tgl. | Opatovina ul. 49, Zagreb | Facebook: Tolkiens House Zagreb | nur Barzahlung*

STELL- & CAMPINGPLÄTZE

19 Perfekte Hauptstadt-Basis

Wunderbar im Grünen eingenistetes Campingareal am Ufer des Rakitjesees. Ins Stadtzentrum von Zagreb sind's gut 15 km (per Fahrrad 13,5 km), das Autobahnkreuz mit Anschlüssen in alle Richtungen ist noch viel näher und auch das hübsche Städtchen Samobor liegt um die Ecke (10 km). Der Platz selbst ist bestens geführt. Ihr könnt im See baden, paddeln, aber auch finnische Sauna, Jacuzzi und Liegewiese am Ufer sind im Programm. Ein sympathischer Bonus: das wirklich empfehlenswerte Pizza-Restaurant Jezero auf dem Gelände. Und weil nichts perfekt ist: Wegen der Lage am Wasser auf jeden Fall Mückenschutz einpacken!

Camp Zagreb

€€ | Jezerska ul. 6, 10437 Rakitje | Tel. +385 1 332 45 43 | campzagreb.com GPS 45.802007, 15.826935

- **Größe:** *ca. 50 Stellplätze, 5 Mietunterkünfte*
- **Ausstattung:** *Spielplatz, Strand am See, Gaststätte, Lounge-Bar, Aufenthaltsraum, Waschmaschinen und Trockner, Reitschule, Kajakverleih, Fahrradmiete, Massagen, Salzzimmer*

20 Die kleine holländische Alternative

Die Niederlande lassen sich getrost als Heimat aller Camper bezeichnen. Deswegen kann man bei einem holländisch und sympathisch geführten Campingplatz eigentlich kaum falsch liegen. Beim Willkommenssnack zur Begrüßung steigt direkt die Stimmung. Gut 20 km vom Stadtzentrum Zagrebs entfernt, findet ihr hier in grüner, ruhiger Landschaft einen Stellplatz mit hartem Untergrund und vollem Angebot vor – inklusive Shuttle-Service in die Hauptstadt. Kaffee und Tee jederzeit kostenlos.

Val-Travel Staplaats

€–€€ | ul. Đure Popović, 10360 Šimunčevec | Tel. +385 6 1801 2727 | val-travel.com/camping.htm | GPS 45.878326, 16.095881 | nur Barzahlung

- **Größe:** *22 Stellplätze*
- **Ausstattung:** *Spielplatz, Aufenthaltsraum, Picknicktische, Grillplätze, Waschmaschinen, WLAN*

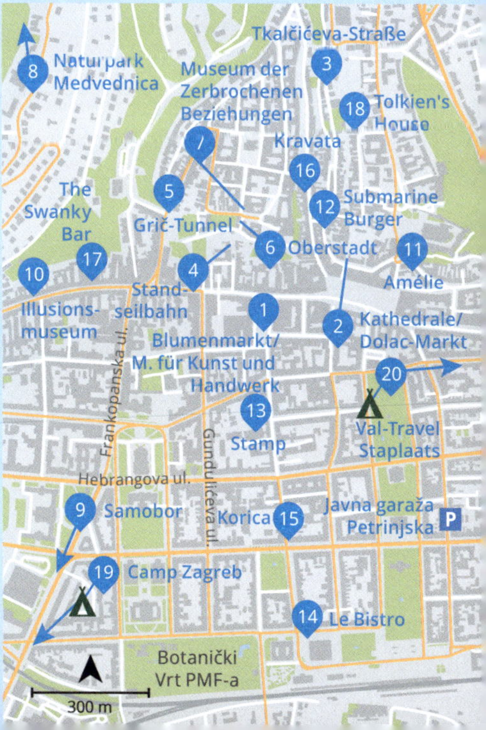

Spot 2

Rijeka
Promenaden und Traumstrände

Wenn ihr aus Richtung Zagreb kommt und sich endlich die Küste vor euch ausbreitet, geht ganz sicher ein lautes „Aaaah" durch euer Auto. Die bedeutende Hafenstadt Rijeka – 2020/21 war sie Europäische Kulturhauptstadt – ist dabei immer der erste Anlaufpunkt. Das fast schon großstädtische Zentrum mit Hafen und Fußgängerzone versprüht mediterranes Flair, ohne dabei zu schick oder exklusiv zu werden. Italien und Slowenien sind in direkter Nähe. Und dann gibt´s da noch eine tolle Aussichtsburg und die nahe Riviera mit Stränden par excellence.

P *Unmittelbar am Rande des Stadtzentrums findet ihr im Parkhaus Garaža Stari Grad (Trg Ivana Klobučarića, GPS 45.326779, 14.446275) meist genügend freie Plätze zu fairen Preisen. Nur die Parkkarte nicht vergessen, denn ohne sie kommt ihr nicht zurück ins Parkhaus.*

AUSNAHMEZUSTAND

So leer ist es selten am Sablićevo-Sandstrand – zumindest im Sommer.

AKTIVITÄTEN & SIGHTSEEING

1 Den großen Laufsteg der Stadt entlangschlendern

Am **Korzo**, vollgestopft mit Geschäften und Lokalen, kommt in Rijeka keiner vorbei. Biegt auch mal kurz ab zum Trg Riječke rezolucije mit der Hieronymus-Kirche. Parallel zum Korzo erstreckt sich am Ufer ein kleiner, hübscher Bootshafen.

Insider-Tipp

Krass schokoladig

Zeit für einen Zuckerkick? Im Korzo 2 findest du Shop und Café des traditionsreichen Süßwarenherstellers ***Kraš*** *(kras.hr/hr/bonbonniere).*

2 Zur Burg Trsat emporklimmen

Entweder ihr klettert die 561 Stufen aus dem Zentrum zu Fuß hoch oder ihr kurvt knapp 5 km über die Straße hoch auf den Trsat-Hügel. Der Blick auf Rijeka und die Küste ist allemal erstklassig. Und dann sind da ja noch das wiederaufgebaute Kastell sowie nette Cafés und Restaurants. Die Basilika Unserer Lieben Frau von Trsat ist als Marienwallfahrtsort berühmt. ***Infos:*** *Tratski kaštel: tgl. 9–21 Uhr | Eintritt frei | Partizanski put 9A, Rijeka | visitrijeka.hr/trsatski-kastel* ***Parken:*** *Trg Viktora Bubnja | kostenlos | ca. 7 Min. zu Fuß zur Burg*

3 An der Riviera von Opatija lustwandeln

Gleich westlich von Rijeka beginnt die Riviera von Opatija mit einigen guten Stränden, vielen kleinen Urlaubsorten und der Küstenstraße 66, die herrliche Panoramablicke im Angebot hat. Ein Highlight ist die 12 km lange, streckenweise in den Felsen gehauene und von Villen gesäumte **Franz-Joseph-Promenade** (Lungomare genannt): Sie führt von Volosko über Opatija nach Lovran mit hübscher, kleiner Altstadt und dem beliebten Črnikovica-Strand. ***Infos:*** *von Rijeka nach Opatija 14 km/25 Min.*

4 Am Sablićevo-Strand auf dem Sand liegen

Die stadtnahe Plaža Sablićevo hat richtig viel Sand im Programm – in Kroatien nicht unbedingt Standard. Natürlich wird's im Sommer manchmal verdammt

REGENTAG – UND NUN?

5 Das Seefahrtsmuseum im Palast erkunden

Der Gouverneurspalast von Rijeka aus dem 19. Jh. ist schon für seine Fassade einen kleinen Spaziergang wert. Noch besser, wenn ihr auch das schmucke Innere unter die Lupe nehmt. Glücklicherweise ist hier das **Seefahrts- und Geschichtsmuseum der kroatischen Küste,** dessen Ausstellung hervorragend gemacht ist. Es wird sogar eine von weltweit drei erhaltenen Original-Rettungswesten der Titanic gezeigt. Auch Kinder haben hier ihren Spaß. ***Infos:*** *Pomorski i povijesni muzej Hrvatskog primorja: Mo 9–16, Di–Sa 9–20, So 9–13 Uhr | 4 € | Trg Riccarda Zanelle 1, Rijeka | ppmhp.hr/en*

voll, aber es gibt sogar eine kleine Klippe für nicht allzu riskante Sprünge ins Wasser. ***Infos:*** *3 km vom Zentrum* ***Parken:*** *Tower Center | ul. Janka Polića Kamova 81a, Rijeka | tower-center-rijeka.hr*

ESSEN & TRINKEN

6 Fox Street Food

Ein Imbiss am Ende des Korzo, der mehr bietet als Cheeseburger und Hähnchen: Omelettes, Toasts, Croissants und Sandwiches – alle sehr lecker belegt. Gut sind auch die *smoked fries*, also Pommes mit Rauchgeschmack, und natürlich die Ćevapčići. ***Infos:*** *tgl. | Jelačićev Trg, Rijeka | Tel. +385 91 339 93 39 | Facebook: foxstreetfoodgroup | €*

7 Café Bar Frankopan

Das kleine, sympathische Café liegt gegenüber der großen Marienkirche in Trsat, nur wenige Schritte von der aussichtsreichen Burg entfernt. Moderate Preise, freundliche Bedienung, leckerer Kaffee. ***Infos:*** *tgl. | Frankopanski Trg 4, Rijeka | nur Barzahlung | €-€€*

8 Ostaria Veranda

Auf der Terrasse am Meer in Opatija werden Meeresfrüchte und andere mediterrane Speisen vom sehr netten Personal in herausragender Qualität serviert. Lasst ruhig etwas Geld für einen guten Wein springen: Gerade abends schmeckt er in dieser romantischen Atmosphäre doppelt gut. ***Infos:*** *tgl. | Obala Frana Supila 2–42, Opatija-Volosko (ca. 12 km/20 Min. von Rijeka) | Tel. +385 51 87 51 89 | ostariaveranda.hr | €€-€€€*

EINKAUFEN

9 Manufaktura Opatija

Dieses gut sortierte Lädchen ist die wohl beste Adresse für Produkte aus der

SPÄHPOSTEN

An der Adriaküste bei Rijeka gibt´s massenhaft Standorte zum Sattsehen.

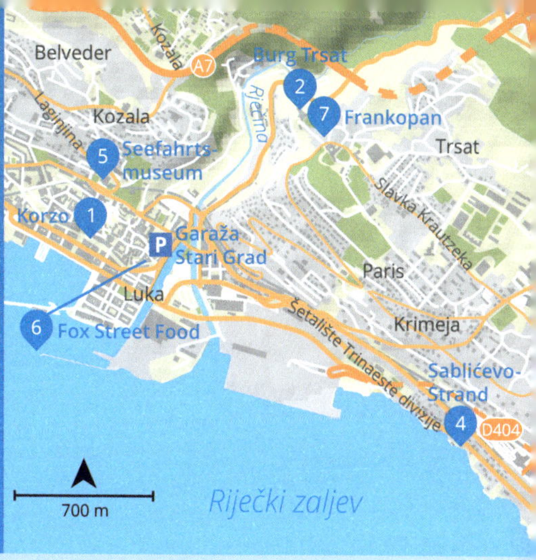

Umgebung von Rijeka und von der Halbinsel Istrien: Olivenöl mit Trüffelgeschmack, lokale Liköre, Bio-Kosmetik, Tees, handgemachte Souvenirs – hochwertige Mitbringsel finden sich hier zuhauf. ***Infos:*** *tgl., Mittagspause 13–16 Uhr | ul. Maršala Tita 112, Opatija (ca. 14 km/25 Min. von Rijeka)*

STELL- & CAMPINGPLÄTZE

10 Meereswellen als Ohrwurm

Direkt in Rijeka und Umgebung herrscht ein wenig Flaute, was Camping angeht. Doch gleich südlich des benachbarten Ferienortes Opatija liegt ein schöner Platz ganz nah am Wasser. Dazu ist es ein angenehmes Fleckchen Erde mit hohem Grünanteil bei den Stellplätzen und sogar recht viel Schatten. Witzig ist auch die kleine Bäckerei auf dem Gelände.

Camping Opatija

€€ | Poljanska cesta 16, Ičići (18 km von Rijeka) | Tel. +38551704836 | rivijera-opatija.hr | GPS 45.31008, 14.28545

- **Größe:** *166 Stellplätze, davon 17 parzelliert*
- **Ausstattung:** *WLAN, Brötchenservice, Shop*

11 Jenseits der Brücke

Gute Camper-Spots finden sich auch im Südosten der Stadt in Richtung der Insel Krk. Der Camping Omišalj gehört sogar schon zur Insel Krk, die man aber problemlos per Brücke erreicht. Hier stimmt eigentlich alles: tolle Lage in der Bucht, ein Strand direkt beim Camping-Gelände, sehr gepflegte Sanitäranlagen, geräumige Stellplätze, Pool und empfehlenswertes Restaurant. Auch die Besitzer sind freundlich und engagiert. Alles in allem ein Wohlfühlort für Camper.

Camping Omišalj

€€–€€€ | Vodotoč 1, 51513, Omišalj (ca. 25 km/30 Min. von Rijeka) | Tel. +385 51 588 390 | campingomisalj.com/de | auch im Winter geöffnet | GPS 45.234309, 14.551801

- **Größe:** *180 Stellplätze, 135 Mietunterkünfte*
- **Ausstattung:** *Spielplatz, Strand, Restaurant, Imbiss, Laden, Pool, Waschmaschinen, Trockner, Babywickelraum, Schließfächer, Rampen für Rollstuhlfahrer, barrierefreie Sanitäranlagen, Aufenthaltsraum, Lagerfeuerplatz, WLAN, Stromtankstelle*

Spot 3

Rovinj
Steile Altstadtidylle

Es gibt sie, diese Orte, die einem gefallen, die schön sind, aber ein paar Wochen später fragt man sich zu Hause: Was war da eigentlich nochmal genau? Rovinj gehört definitiv nicht zu diesen Orten. Auch Monate und Jahre später wirst du dich noch genau erinnern an die charakteristischen Gässchen mit den kleinen Häuschen, an den Marktplatz unten und die steilen letzten Schritte hinauf zur Kirche. Rovinj ist Rovinj und kann mit rein gar nichts verwechselt werden.

P *Parken ist hier eine sehr schwierige Angelegenheit, weil die Altstadt autofrei ist, die Parkplätze unten am Wasser schnell voll werden und für Womos dort kein Platz ist. Die können z. B. bei GPS 45.088717, 13.641161 parken (4 €/Std., zu Fuß ca. 15 Min. in die Altstadt). Am besten bedient ist, wer vom Campingplatz per Fahrrad kommt.*

ZEIT ZUM BEWUNDERN

In Rovinjs Treppengassen fordern nicht nur die Beine ihre Pausen ein.

AKTIVITÄTEN & SIGHTSEEING

1 Die abschüssigen Altstadtgassen bezwingen

Sie ragt wie ein klitzekleiner Zipfel ins Wasser. Flach würde die Altstadt nur aus ein paar hübschen Sträßchen bestehen, die du in Nullkommanichts abgelaufen hättest. Durch die starken Steigungen kommt erst der fantastische Charakter zustande. Zum Glück sind die Gässchen so verwinkelt und reizvoll, dass man sowieso nur langsam und bewundernd umherschlendert. Die Ulica Montalbano führt quasi als Hauptweg ganz hinauf zur **Kirche der Hl. Euphemia** – selbstverständlich mit Aussichtsturm.

2 Auf dem Markt zwischen Wein und Öl stöbern

Der kleine Markt unten am Beginn der Altstadt hat neben den Klassikern wie Obst und Gemüse vor allem auch Olivenöle, Weine und Honige aus der Region zu bieten. Die Preise sind meist fair, aber die an Touristen gewöhnten Verkäufer ein bisschen herunterzuhandeln gehört natürlich zur Marktbesucher-Ehre. ***Infos:*** *Gradska tržnica u Rovinju: tgl. | ul. Giuseppea Garibaldija, Rovinj*

3 Vom Meer in den Fjord hineingleiten

Von Rovinj nach Poreč macht die Straße einen großen Bogen – der **Limski-Kanal** versperrt den direkten Weg die Küste entlang. Was für ein Glück, denn der sich zum Meer hin immer breiter öffnende Fjord ist ein herrliches Naturereignis, das ihr am besten per Bootsfahrt erkundet. Ein guter Veranstalter, der auch Delphintouren anbietet, ist **Excursions Mikela.** ***Infos:*** *Fjord oder Delphinsafari ab 35 € | Obala Maršala Tita 23, Vrsar (ca. 30 km/35 Min. von Rovinj) | excursionsmikela.eu*

Insider-Tipp
Atmosphäre pur!

*Besonders stimmungsvoll ist die **Abendtour** (25 €), wenn es dunkel wird am Limski-Kanal.*

4 Einen Ausflug nach Poreč unternehmen

Die sympathische, kleine Altstadt etwa 35 km nördlich von Rovinj muss sich dank Strand, belebter Hafenpromenade und

REGENTAG – UND NUN?

5 Sich von Geschichten faszinieren lassen

Falls **Stadtmuseum Rovinj** erst mal nur mäßig interessant für dich klingt: Die Historie von Rovinj und ganz Istrien, die hier illustriert wird, ist wirklich extrem spannend. Allein an den Namen von Orten und Objekten und den zweisprachigen Straßenschildern lässt sich der riesige italienische Einfluss erkennen. Venedig lässt grüßen. Für Kunstfans gibt's neben der schön präsentierten Geschichtsstunde wechselnde Ausstellungen berühmter Maler. ***Infos:*** *Muzej Grada Rovinja: Mo–Sa 10–12, 16–19 Uhr | Eintritt frei, z. T. im Umbau | Trg Maršala Tita 11, Rovinj | muzej-rovinj.hr*

einer Basilika aus dem 6. Jh. wahrlich nicht verstecken. Sehr sehenswert ca. 10 km außerhalb des Städtchens: die **Baredine-Tropfsteinhöhle.** ***Infos:*** *Jama Baredine: tgl. 10–16, Juli/Aug. bis 18 Uhr | 12 € | Gedići 55, Nova Vas (ca. 44 km/ 40 Min. von Rovinj) | baredine.com*

ESSEN & TRINKEN

6 Bookeria

Egal ob drinnen oder auf der Terrasse – alles ist dekoriert mit Büchermotiven, denn die Betreiber führen auch eine Reihe von Buchläden. Der vielleicht beste Ort in Rovinj für ein Frühstück oder den Kaffee zwischendurch. Gute vegetarische und vegane Angebote bei den Hauptspeisen. Lecker: der Bookeria Burger. ***Infos:*** *tgl. | Trg G. Pignaton 7, Rovinj | Tel. +385 52 81 73 99 | bookeria-rovinj.com | €–€€*

7 Mediterraneo Cocktail Bar

Bunte Hocker und Sitzkissen auf den Felsen am Meer, liebevoll dekorierte Tische, trendige Drinks: Dieser Bar ganz unten am Wasser kann man einfach nicht widerstehen. Mit einem Glas in der Hand beim Plätschern der Wellen den Sonnenuntergang genießen – das Leben ist schön! ***Infos:*** *tgl. | ul. Sv. Križa 24, Rovinj | Facebook: mediterraneo.rovinj | €€*

8 Rovinj Mali Raj

Besser und authentischer kann man in Rovinj kaum essen. Mitten in der Altstadt sitzt du hier unter den Blättern eines Judasbaums, das Wichtigste sind aber die unfassbar leckeren, regionalen und mediterranen Speisen – mit Schwerpunkt auf Grillgerichten, z. B. Calamari mit Knoblauch. ***Infos:*** *tgl. abends | Trevisol 48, Rovinj | Tel. +385 52 42 70 82 | Facebook: Mali Raj Grill-Restaurant | €€*

SCHATTEN INKLUSIVE

Unter hohen Bäumen steht sich's auf dem Maistra Camp Polari besonders lauschig.

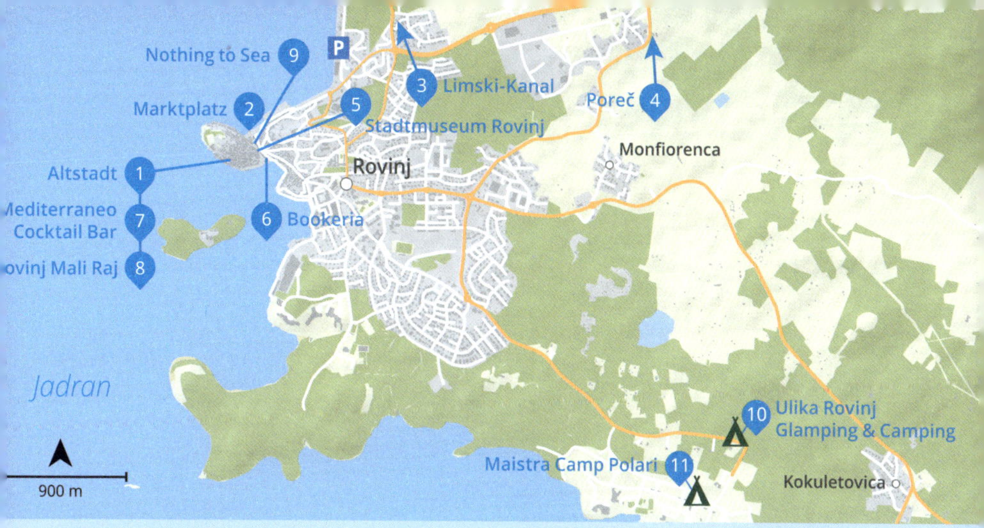

EINKAUFEN

9 Nothing to Sea

In dieser wunderbaren Kunstgalerie bestaunst du die Arbeit lokaler Künstler und nimmst vielleicht auch einiges mit: Teller, Becher, Taschen, Bilder – alles mit besonderem, authentischem Touch. ***Infos:*** *tgl. | ul. Vladimira Švalbe 2, Rovinj | Facebook: nothingtosea.gallery*

STELL- & CAMPINGPLÄTZE

10 Ruhig, freundlich und einfach

Eigentlich ist es nur ein größerer Garten im Hinterhof, ganz unauffällig. Aber ihr seid hier bestens aufgehoben: schattige Stellplätze unter Bäumen, Duschen, ein Restaurant, sogar ein Pool. Ideal die Nähe zur Altstadt: nur knapp 4 km. Die hilfsbereiten Betreiber legen Wert auf Ruhe, Kinder unter 12 Jahren, Gruppen und Partys sind nicht erlaubt.

Ulika Rovinj Glamping & Camping

€ | Polari 25, Rovinj | Tel. +385 52 81 73 20 | dn-rovinj.com | GPS 45.065490, 13.676070

▶ **Größe:** *27 Stellplätze, 12 Mietunterkünfte*
▶ **Ausstattung:** *Restaurant, Pool, Waschmaschine, WLAN*

11 Der Platz, der alles hat

Rundum-Versorgung bietet diese zur Maistra-Campinggruppe gehörende Großanlage, die auch noch zentrumsnah liegt (4,5 km bis zur Altstadt). Mit etwas Glück ergattert ihr einen der Stellplätze mit direktem Meerblick. Das Gelände ist wirklich riesig, deshalb wählt beim Reinfahren nicht sofort den erstbesten Standort. Wenn das Personal nicht sagt, dass alles voll ist, lieber erst einmal per Spaziergang oder Fahrrad umhergondeln und den Stellplatz eurer Träume herauspicken, denn meist herrscht freie Platzwahl – das gibt es schließlich nicht überall!

Maistra Camp Polari

€€ | Polari 1, Rovinj | Tel. +385 52 80 02 00 | maistra.com | GPS 45.061709, 13.672482

▶ **Größe:** *1668 Stellplätze (30 Dauerplätze), 531 Mietunterkünfte*
▶ **Ausstattung:** *Restaurant, Einkaufsladen, Pool, Waschmaschinen, WLAN, Geldautomat, Fahrrad-, Segway- und Scooterverleih, Spielplatz, Strand, Rampen für Rollstuhlfahrer*

SICHERE HÄFEN

In Krk-Stadt knirscht nur der Name, auf dem Wasser läuft alles glatt.

Tour B

Inselträume: Buchten, Strände und antike Perlen
Von Rovinj zur Insel Krk

Start & Spot 3 Rovinj ▶ S. 42

41 km

Spot 4 Pula ▶ S. 56

162 km

Spot 5 Insel Lošinj ▶ S. 60

58 km

Ziel & Spot 6 Insel Krk ▶ S. 64

Ganz im Süden der Halbinsel Istrien sind die Menschen besonders stolz auf den geschichtsträchtigen Ort Pula: Das jahrtausendealte Amphitheater, die tollsten Strände, das beste Olivenöl – all das ist nicht nur Lokalpatriotismus, sondern es steckt viel Wahrheit drin. Der Weg zur Fähre macht dann mit weitreichenden, steilen Panoramen schon richtig Lust auf die Inseln – Cres, Lošinj und Krk. Ferienregionen wie aus dem Bilderbuch: diese Buchten, diese Örtchen mit ihren schnuckeligen Hafenpromenaden, diese historischen Altstädte und diese unfassbar schönen Aussichtspunkte!

Strecke 261 km (ohne Fährstrecken)

Reine Fahrzeit 7 Std.

Streckenprofil Gut befahrbare Asphaltstraßen, besonders auf den Inseln teilweise schmal. Insgesamt sehr hügelig, gelegentlich recht steile Auf- und Abfahrten und scharfe Kurven oder Serpentinen, die aber mit jedem Fahrzeug zu bewältigen sind.

Empfohlene Dauer 9 Tage

Anschlusstouren

A C

FACTS

Tour B im Überblick

Tour-Highlights

Das vielleicht beste Olivenöl der Welt in *Vodnjan* kaufen ▶ **S. 50**

In *Pula* in einem der größten Amphitheater der Antike herumspazieren ▶ **S. 57**

In *Veli Lošinj* das perfekte Hafenensemble fotografieren ▶ **S. 61**

An der Südspitze von *Krk* Panoramablicke genießen ▶ **S. 65**

B Tourenverlauf

LOS, GEHT'S!

Start & Spot 3

Rovinj
Steile Altstadtidylle ▶ S. 42

25 km Aus Rovinj hinaus nehmt ihr am besten die größere Straße 303 nach Osten und fahrt dann bald hinter Rovinjsko Selo rechts auf die Straße 21 nach Süden. Bleibt auf der 21 bis Vodnjan.

Vodnjan

Einheimische bekommen glänzende Augen, wenn sie den Namen Vodnjan hören: Istrien ist für sein hervorragendes Olivenöl bekannt und hier gibt's das beste der ganzen Gegend. Ob am Stand an der Straße, im Spezialitätenladen oder im Shop direkt beim Erzeuger – Enttäuschungen oder Preiswucher kommen hier eigentlich nicht vor. Allerdings dürft ihr auch keine Discounter-Preise erwarten: Eine 0,75-l-Flasche darf selbst am Straßenrand ruhig 20 € oder sogar mehr kosten. Ausgezeichnete Öle gibt es u. a. bei **Chiavalon Extra Virgin Olive Oil** *(ul. Salvela 50, chiavalon.hr)*, einem Hersteller mit Hofladen vor der Einfahrt ins Ortszentrum, und bei **Olea Prima Bio Extravirgin Olive Oil** *(ul. Prvimaj 26, oleaprima.com)* mit Bio-Zertifikat.

7 km In Vodnjan biegt ihr links ab und steuert euer Gefährt bis ins Dorf Fažana. Von hier geht's auf dem Wasserweg weiter zu einem echten landschaftlichen Höhepunkt Istriens.

Nationalpark Brijuni

Viele Besucher kommen nur wegen der sehr ordentlichen Strände: Fažana und Stara Fažana. Aber auch das hübsche Zentrum des Hafenstädtchens **Fažana** ist einen Zwischenstopp wert. Und wenn ihr ein paar Stunden habt, gönnt euch noch eine Überfahrt nach **Veliki Brijun,** das mit Abstand größte Eiland der Inselgruppe, die den Nationalpark Brijuni bildet. Dort ist die Atmosphäre etwas gehoben mit Golfplatz, Hotels und **Safaripark,** in dem Fasane, Zebras und andere Tiere viel Auslauf haben. Berühmt ist der Elefant Lanka, der 1972 als Geschenk der indischen Regierungschefin Indira Gandhi in den Park kam. Der **Dinosaurierpark** mit versteinerten Dino-Fußabdrücken liegt direkt am Wasser. Verpasst auch nicht den **Badestrand Brijun,** den 1600 Jahre alten **Olivenbaum** und die **Ruinen** von Festungen, Kirchen und eines römischen Militärlagers (Castrum).

i Abfahrten von Fažana: mehrmals tgl. | Fahrzeit ca. 15 Min. | 40 € hin und zurück | np-brijuni.hr

P In Fažana findest du am Hafen einen riesigen, kostenpflichtigen Parkplatz (GPS 44.926329, 13.802868). Achtung: Die Tickets werden oft kontrolliert. Neben dem Parkautomaten steht ein Wechselautomat für Geldscheine. Über die App Bmove kann man bequem per Kreditkarte zahlen.

Insider-Tipp
Driving Range

*Eine Touristen-Bimmelbahn bringt euch über die Insel, zudem gibt es professionelle Führungen. Doch am besten entdeckt ihr das Terrain selbstständig zu Fuß, per Fahrrad oder im **Golfcart.***

Shark Bar
Dieses Lokal im südlichen Bereich des Fažana-Strandes ist wie geschaffen für ein gemütliches Päuschen mit etwas Trinkbarem in der Hand. Die Strandbar serviert mit schönem Wasserblick u. a. gute Cocktails und ein paar Imbisse wie Hamburger. Perfekter Platz für einen Sundowner.

i tgl. bis nachts | Aleja maslina 1, Fažana | Facebook: beachbarshark beluga | €

HIMMLISCHE RUHE

Auf dem Inselchen Veliki Brijun gibt´s Fortbewegung nur abgasfrei.

EINGEBUCHTET

Wie gut, dass die Adria so viele Buchten aus der Felsküste gewaschen hat – wie hier am Verudela-Strand bei Pula.

9 km Nach Pula nehmt ihr nun die praktischerweise Puljska Ulica genannte Straße parallel zur Küstenlinie nach Südosten. Über das Dorf Šurida geht's in die große Stadt. An der ersten Top-Sehenswürdigkeit, dem römischen Amphitheater, kommt man automatisch als Erstes vorbei.

Spot 4

Pula
Für Gladiatoren und Genießer ▶ **S. 56**

15 km Fahrt aus dem Zentrum Pulas auf der Straße Ulica Marsovog polja nach Süden. Sie heißt später Premanturska Cesta und schlängelt sich – teils direkt am Ufer – nach Premantura und weiter zum Kap.

Halbinsel Premantura

Während die Halbinseln Verudela und Banjole noch zu Pula gehören, liegt der absolute Südzipfel Istriens schon ein Stückchen außerhalb. Nach dem Ort, der wie die Halbinsel selbst Premantura heißt, wird die Straße noch schmaler (bleibt aber gut befahrbar) und quetscht sich immer weiter südlich bis zum **Kap Kamenjak,** wo am **Mala Kolombarica Beach** ein Bunker und ein Turm mit fantastischem Ausblick warten.

Safari Bar

Legendäres Lokal ganz unten am Strand: gutes Essen und Trinken und eine unglaubliche Aussicht von diesem wirklich letzten Flecken Istriens auf die große, weite Adria. Schrullig-liebevoll eingerichtet mit Pflanzen und Bambusstäben als Wände und Decken, Stämmen oder Steinen als Bänke und Tische, Stroh auf dem Fußboden. Dazu einige Schaukeln, Rutschen und sonstige Späße – natürlich nichts aus Plastik.

i tgl. | Mala Kolombarica Beach, GPS 44.769184, 13.910341, Kap Kamenjak | Tel. +385 91 197 81 42 | premantura.net, safaribar.hr | €€

P Vom Parkplatz am Aussichtsturm (GPS 44.770107, 13.910141) sind es nur wenige Schritte zum Bunker (GPS 44.771325, 13.911495) und zur Bar.

Insider-Tipp

Spring doch!

*Am Mala-Kolumbarica-Strand erhebt sich ein **Felsen**, der fürs Springen einfach wie geschaffen ist: Du kannst verschiedene Höhen wählen, das Wasser ist tief genug und glasklar. Herrlich!*

39 km Über Premantura geht es zurück, dann rechts ab durchs Dorf Pomer und immer nördlich halten auf der Straße 5119, schließlich rechts auf der 66 bis ins Dörfchen Prodol. Dort biegt ihr rechts ab nach Krnica.

Krnica

Hier musst du noch einen kurzen Halt einlegen, denn Istrien hat nicht nur tolle Olivenöle, sondern auch Lavendelfelder – und Krnica ist für letztere besonders bekannt. Schaut euch ein wenig um und macht einen Stopp bei einem der Straßenhändler für ein Lavendelsäckchen oder eine Seife.

49 km Zurück auf der Hauptstrecke, der Straße 66, fahrt ihr durch Barban, Labin und Plomin schließlich zur Fähre in Brestova. Die Straße ist unterwegs recht kurvig und führt bergauf – erst zum Schluss geht's dann wieder steil hinunter.

Panoramastrecke nach Medveja

Vom Hafen **Brestova** geht's per **Fähre** zum Ort Porozina auf der Insel Cres. Doch wenn ihr noch ein wenig Zeit habt, gönnt euch vorher einen Abstecher in Richtung Opatija auf der Straße 66, die auf diesem Abschnitt ein echtes Aussichtsspektakel bietet. Fahrt z. B. die ca. 20 km bis Medveja und dann dieselbe Strecke zurück zum Fährhafen. Unterwegs gibt's auch einige gute Strände wie etwa den **Plaža Sipar** beim Ort Mošćenička Draga.

Optionaler Anschluss: Tour A

i ***Fähre Brestova-Porozina (Cres):*** *im Sommer 13 x tgl. (früh morgens bis spät abends), sonst 8–10 x tgl. | Fahrtzeit ca. 20 Min. | Erw. 4,40 €, Auto 20,70 €, Womo je nach Länge 34,40–47,40 € | jadrolinija.hr*

13 km Auf Cres angekommen nehmt ihr die einzig mögliche Straße, Nr. 100, die schnell bergauf geht und in südlicher Richtung über die Insel führt.

Aussichtspunkt unterhalb des Sis-Gipfels

An der höchsten Stelle *(GPS 45.061015, 14.362202)*, direkt unterhalb des immerhin 639 m hohen Gipfels Sis, wo links eine kleine Straße nach Sveti Petar abgeht, macht ihr einen kurzen Stopp mit unglaublichem Fernblick aufs istrische Festland, auf die Insel Krk und natürlich rundherum aufs herrliche Blau der Adria.

46 km Durch die Inselhauptstadt Cres hindurch geht die Route nun auf recht einsamer Straße immer weiter nach Süden. Hinter dem **Camping Bijar** (▶ S. 63) bringt euch im Dörfchen Osor eine kleine Drehbrücke auf die Insel Lošinj.

Spot 5 **Insel Lošinj**
Die pure Kroatienidylle ▶ **S. 60**

33 km Lošinj verlasst ihr wieder genauso, wie ihr hergekommen seid: Immer nach Norden auf der Straße 100 – es gibt keine Alternative. Schließlich ist wieder die Hauptstadt erreicht, die so heißt wie die Insel selbst: Cres.

Stadt Cres

Bevor es zur Fähre nach Krk geht, solltet ihr hier auf jeden Fall noch einen ausführlichen Halt einplanen, denn Cres ist ein zauberhaftes Städtchen, wie so viele kroatische Perlen ganz ans Hafenbecken geschmiegt mit vielen Cafés, Eisdielen, Kneipen, Restaurants und Imbissen.

Buffet Marittimo
Einfache, günstige und vor allem richtig leckere Speisen kommen auf die fast direkt am Hafen aufgestellten Tische. Spezialisiert hat man sich hier auf Fisch und Meeresfrüchte, aber die kroatischen Klassiker stehen auch in der Karte – ebenso wie wechselnde Tagesangebote, nach denen du immer fragen solltest. Auch zum Frühstücken bestens geeignet.

i tgl. | ul. Riva creskih kapetana (neben der Bistro-Pizzeria Krusija), Cres | €

14 km Von Cres geht's auf der Straße 100 kurz nach Norden und dann die erste größere Gelegenheit (Straße 101) scharf rechts nach **Merag.** Die Strecke zur **Fähre** ist von dort auch ausgeschildert.

i ***Fähre Merag–Valbiska (Krk):*** *im Sommer 13 x tgl. (früh morgens bis spät abends), sonst 8–10 x tgl. | Fahrtzeit ca. 25 Min. (7 km) | Erw. 4,40 €, Auto 20,70 €, Womo je nach Länge 34,40–47,40 € | jadrolinija.hr*

11 km Die Fähre landet in **Valbiska** auf der Insel Krk, nicht allzu weit vom Zentrum der gleichnamigen Inselhauptstadt entfernt.

Ziel & Spot 6

Insel Krk
Nie waren Konsonanten so schön ▶ **S. 64**

Optionaler Anschluss: Tour C

ZWISCHEN DEN INSELN

Auf dem Camping Preko mosta steht man am Übergang von Lošinj nach Cres.

Spot 4

Pula
Für Gladiatoren und Genießer

Schlappe 3000 Jahre hat die Stadt ganz im Süden der istrischen Halbinsel auf dem Buckel. Die großen Mächte – Römisches Reich, Venezianer, Österreich-Ungarn – haben eine Menge Spuren hinterlassen. Übriggeblieben sind dieser ganz eigene südländisch-betriebsame Charakter und geschichtsträchtige Wahrzeichen, über die man bei jedem Schritt stolpert. Aber Vorsicht: Bei der Einfahrt ins Zentrum nicht sofort aufs gigantische Amphitheater starren, sondern erst das Auto sicher parken!

P *Neben dem Amphitheater liegt der Parking Karolina, von dem auch das Zentrum fußläufig erreichbar ist (4 €/Std. | Trg Nimfeja, GPS 44.872943, 13.848454 | pulaparking.hr.). Bezahlt wird vor Ort oder per App (z. B. Bmove). Die Kennzeichen werden an der Schranke eingelesen, ein Ticket ist nicht notwendig.*

PLATZHIRSCH

Pulas Amphitheater stiehlt allen anderen Gebäuden ganz schön die Schau.

AKTIVITÄTEN & SIGHTSEEING

1 Wie ein Gladiator durch die Arena stapfen

Das fast 2000 Jahre alte **Amphitheater** sieht fantastisch aus und ist vergleichsweise gut erhalten. Ursprünglich passten bis zu 26 000 Schaulustige hinein – die sechstgrößte Arena der Antike. Ihr könnt ganz ohne Eintritt drumherum laufen, wobei sich mit den Steinbögen des Gebäudes vor der azurblauen Adria schon unglaubliche Postkartenmotive eröffnen. Aber ihr solltet auch hineingehen und unterirdisch die kleine Ausstellung zur Wein- und Olivenölproduktion besichtigen. ***Infos:*** *Pulska Arena: tgl. 8–17, im Sommer z. T. bis 23 Uhr | 10 € | Flavijevska ul., Pula | ami-pula.hr*

2 Ins mediterrane Leben eintauchen

Von der hübschen Giardini-Allee zweigt links die **Fußgängerzone** Flanatička Ulica ab zum immer betriebsamen Marktplatz und rechts geht's durchs antike Tor Portarata (auch Sergierbogen genannt) in die ebenfalls autofreie Ulica Sergijevac, die mit vielen Läden und Lokalen übergeht ins Forum. Das Highlight dieses jahrtausendealten Hauptplatzes ist der römische **Augustustempel.** ***Infos:*** *Augustov Hram: tgl. Juli, Aug. 8–21.30, Mai, Juni, Sept. 9–21, Apr., Okt. 9–19 Uhr | 2 € | Forum b.b., Pula | ami-pula.hr*

3 Auf die Festung kraxeln

Viereckig von den Venezianern im 17. Jh. angelegt thront das riesige **Kastell** erhaben über Stadt und Mittelmeer. Der Anstieg ist zum Schluss recht steil und wenig schattig, lohnt sich aber fürs herrliche, kostenlose Panorama. Das **Museum zur Geschichte und Seefahrt Istriens** in den Räumen der Festung muss man nicht unbedingt gesehen haben, aber die als **Zerostrasse** bekannten unterirdischen Tunnel, in die man per Fahrstuhl gelangt, sind sehenswert. ***Infos:*** *Kaštel/Zerostrasse: tgl. 9–17, Mai–Sept. bis 21 Uhr Uhr | 7 € | Gradinski uspon 6, Pula | ppmi.hr, pulafortcenter.com*

4 Auf der Halbinsel Verudela relaxen

Die herrlich grüne Halbinsel gehört noch zu Pula und beginnt gleich südlich der Stadt. Neben Yachthäfen, Kneipen und Restaurants gibt's hier vor allem schöne Strände, darunter **Hawaii Beach** und **Histria Beach.** ***Infos:*** *Plaža Havajsko: GPS 44.835295, 13.830108 | Plaža Histria: GPS 44.835280, 13.835900*

REGENTAG – UND NUN?

5 Meeresbewohnern in die Augen schauen

Die Wasserbecken des **Aquariums** wurden in die alte Festungsanlage auf der Halbinsel Verudela eingebaut. Übrigens nicht nur bei Regen, sondern auch für brütende Mittagshitze geeignet: Die Klimaanlage funktioniert bestens! Auch die Aussichtsterrasse lohnt sich. ***Infos:*** *tgl. 9/10–18 Uhr, im Sommer länger | Verudela 33, Pula | 23 € | aquarium.hr*

ESSEN & TRINKEN

6 Batelina

Das mehrfach ausgezeichnete Fischrestaurant liegt südlich von Pula nahe dem Campingplatz Peškera. Für Liebhaber von *frutti di mare* und allem, was sonst so in der Adria herumschwimmt, lohnt sich aber auch die extra Anreise. ***Infos:*** *Mo–Sa | Čimulje 25, Banjole | Tel. +385 52 57 37 67 | €€–€€€*

7 Konoba Boccaporta

Ein Lokal so typisch kroatisch-istrisch, wie ihr es euch nur wünschen könnt: gemütlich-rustikale Atmosphäre, wirklich hilfsbereites Personal und superleckere Gerichte. Von Klassikern wie Ćevapčići bis hin zu raffinierteren Variationen von Pasta mit Trüffeln. Hierher an den südlichen Stadtrand kommen neben Touristen auch viele Einheimische zum Essen. ***Infos:*** *tgl. | Dolinka 18, Pula | Tel. +385 52 50 62 66 | Facebook: boccaporta €€*

8 The Shipyard Pub

Die Location auf dem Gelände der alten Schiffswerft mit Platz für richtig viele Gäste ist klasse, die Stimmung besonders abends von lebhaft bis elektrisierend. Bier, Cocktails und Burger schmecken hervorragend, während dein Aufenthalt im Pub regelmäßig noch von Livemusik oder DJ-Einsatz eine zusätzliche Würze erhält. ***Infos:*** *tgl. | ul. Svetog Teodora 1, Pula | Tel. +385 91 200 01 16 | Facebook: theshipyardpub | €–€€*

EINKAUFEN

9 Markthalle

In der großen, über 120 Jahre alten Art-Déco-Markthalle mitten im Zentrum kannst du alles erstehen von frischem Obst und Gemüse über Fisch und Mee-

GRÜNES SCHUTZDACH

Die Pinie verträgt Trockenheit ganz gut und spendet dem Camper bei Hitze ihren Schatten.

resfrüchte bis zu Fleisch und Gewürzen. ***Infos:*** *Mo–Sa 7–14, Juni–Sept. bis 22, So 7–12, Juni–Sept. bis 15 Uhr | Narodni Trg 9, Pula | pula-usluge.hr/it/mercato*

Insider-Tipp
Guten Appetit!

Cafés und Gastroständе laden rund um den Brunnen im Obergeschoss des Marktes zur Rast ein.

STELL- & CAMPINGPLÄTZE

10 Ideal für Familien

Bei diesem äußerst gepflegten Campingplatz legen die sehr freundlichen und übrigens exzellent englischsprechenden Betreiber ganz besonderen Wert aufs ungestörte Wohlbefinden ihrer Gäste. Dazu gehört leider auch ein generelles Hundeverbot. Wenn du auf die dementsprechende Ruhe und Sauberkeit und auf schöne, schattige Plätze stehst, bist du hier perfekt gelandet. Auch der Pool ist nicht irgendein Schwimmbecken, sondern eine kleine Perle, inklusive Kinderbecken. Praktische Lage, nah zu Stränden und Stadt.

Camp Diana

€–€€ | Kaštanjež 100, Banjole (8 km/15 Min. von Pula-Zentrum) | Tel. +385 992 93 19 63 | camp-diana.com | GPS 44.825327, 13.859131

- **Größe:** *50 Stellplätze*
- **Ausstattung:** *Spielplatz, Freibad, Fahrrad- und E-Bike-Verleih, Sportplatz, WLAN*

11 Mit toller Aussicht am Wasser

Wie das Camp Diana oben auf der Banjole-Halbinsel gelegen, aber mit dem Rauschen der Wellen als ständiger Audio-Begleitung. Zur Wahl stehen die begehrten Stellplätze direkt am eigenen Strand (der schön, aber recht steinig ist) oder die deutlich schattigeren Standorte im sich anschließenden Pinienwäldchen. Obwohl er nicht ganz klein ist, hat der Platz keinen Laden, ist aber ruhig und gemütlich.

Peškera Auto Camp

€€ | Indije 73, Banjole (10 km/20 Min. von Pula-Zentrum) | Tel. +385 52 57 32 09 | camp-peskera.com | GPS 44.822811, 13.850814

- **Größe:** *80 Stellplätze | 16 Mietunterkünfte*
- **Ausstattung:** *Spielplatz, Restaurant, WLAN (im Restaurant), Fahrradverleih*

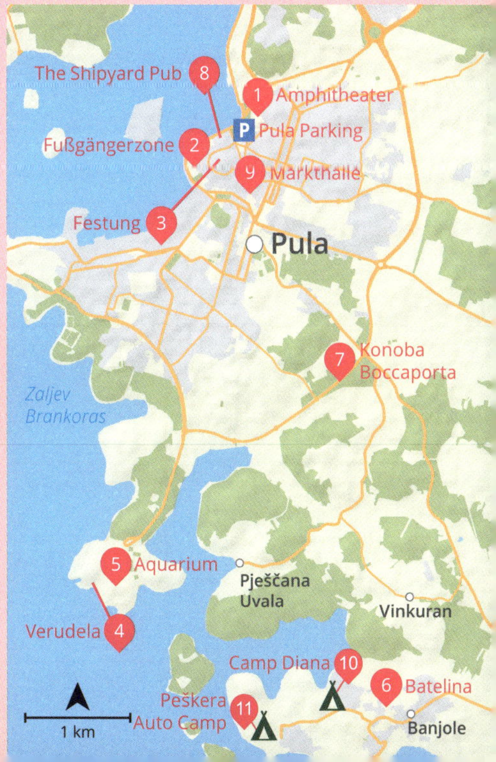

Spot 5

Insel Lošinj
Die pure Kroatienidylle

Losinj, das sind vor allem unfassbar schöne Aussichten auf die kristallklare Adria, kräuterduftende Pinienwälder und diese fantastischen kleinen Hafenorte, die sich mit vielen Lokalen an eine Bucht schmiegen. Durch Veli Lošinj läufst du wie durch eine Schmuck-Postkarte. Hier eine Bankfiliale, dort eine alte Post, hier ein Laden, dort eine Eisdiele, Segelboote liegen vertäut an der Kaimauer und du schlenderst einfach nur hin und her und denkst: So soll es sein! Witzigerweise ist Mali Lošinj viel größer als Veli Lošinj (obwohl *mali* klein heißt und *veli* groß), trotzdem erweist es sich mit Altstadt und Strand als höchst reizvoll und gemütlich.

SO GEHT SPAZIEREN!

Auf dem Fußweg von Veli Lošinj nach Mali Lošinj.

AKTIVITÄTEN & SIGHTSEEING

1 In der Schönheit von Veli Lošinj traumwandeln

Im klitzekleinen Zentrum am Hafen geht's sehr entspannt zu, ganz ohne Autoverkehr. Hangel dich vom Kaffee übers Abendessen zum Gute-Nacht-Cocktail durch deine Kroatien-Vision. Nach Norden hinauf spazierst du immer an der Bucht entlang bis nach Mali Lošinj. ***Parken:*** *Kostenloser, schattiger Parkplatz 10 Min. Fußweg überm Ort an der Landstraße (GPS 44.519126, 14.498023)*

Hinterm Kirchlein Crkvica Navjestenja B. D. Marije bietet sich direkt am Wasser ein einzigartiges Panorama auf die fjordartige Bucht (GPS 44.523835, 14.501824).

Insider-Tipp
Flipper, wir kommen!

Dich interessieren die Meeresbewohner? Dann schau im ***Marine Education Centre*** *des Blue World Institute vorbei, das auch Delphintouren anbietet (Mo–Sa Juli/Aug. 10–21, Juni, Sept. 10–20 Uhr, sonst kürzer | Eintritt frei | Kaštel ul. 24, Veli Lošinj | Tel. +385 51 60 46 66 | blue-world.org).*

2 Inselabenteuer aktiv erleben

Von Kajakausflügen bis zu Fallschirmspringen wird bei **Skippin' Pebble** alles angeboten. Auf der Dream Beach Tour geht's z. B. einen ganzen Tag durch die fantastische Wasserwelt zu Leuchttürmen und Eilanden mit Sandstrand, Schnorcheln am Wrack inbegriffen. ***Infos:*** *Tagestour ab 95 € | ul. Rovenska 60, Veli Lošinj | skippinpebble.com*

3 Strandfeeling bei Mali Lošinj genießen

Besonders attraktiv ist der **Latino Beach:** Ein wenig Sand wurde aufgeschüttet, es gibt ein paar schattige Bars direkt am Wasser und gute Zugänge ins von der Bucht geschützte Wasser. Auch SUP macht hier Spaß. ***Infos:*** *Čikat ul., GPS 44.533291, 14.453267, Mali Lošinj*

4 Der Insel aufs Dach steigen

Direkt hinter Veli Lošinj ist im Prinzip Schluss mit Zivilisation. Nur eine kleine Straße schlängelt sich durch den Rest der Insel, wo sich noch einzelne Strände, Restaurants oder Apartmenthäuser verstecken. Fahrt unbedingt hinauf zum **Aussichtspunkt** bei der Mini-Kirche

REGENTAG – UND NUN?

5 Im Museum auf Zeitreise gehen

Auch als Touristen könnt ihr Geschichte schreiben, ihr müsst nur die Augen offenhalten: Ein belgischer Reisender entdeckte 1997 45 m unter dem Meeresspiegel eine Bronzestatue des Athleten **Apoxyomenos.** Sie hatte dort schlappe 2000 Jahre vor sich hin gelegen. Kaum wurde sie gefunden, baute man ein ganzes Museum für sie, in dem ihre Geschichte sehr anschaulich und spannend erzählt wird. ***Infos:*** *Muzej Apoksiomena: Mitte Juni–Mitte Sept. Di–So 9–22 Uhr, sonst kürzer | 15 € | Riva lošinjskih kapetana 13, Mali Lošinj | muzejapoksiomena.hr*

St. Johann. Der Rundumblick ist unbezahlbar. ***Infos:*** *Crkva sv. Ivana: GPS 44.511249, 14.497514*

ESSEN & TRINKEN

6 Pizzeria Buffet Fortuna

Das letzte Lokal am idyllischen Hafen von Veli Lošinj. Geht hinten durch auf die Terrasse und zwischen euch und die plätschernde Adria passt kein Blatt Papier mehr. Dazu ein frisch Gezapftes oder ein Hauswein, eine knusprige Pizza und alle banalen Sorgen verfliegen mit der sanften Abendbrise. ***Infos:*** *tgl. | Šestavine 3, Veli Lošinj | Tel. +385 51 23 63 60 | €–€€*

7 Caffe Saturn

Auf der anderen Seite des Hafenbeckens von Veli Lošinj ist dieses Lokal mit entspannter Kneipenatmosphäre der perfekte Ort für einen Cocktail oder Absacker sonstiger Art. Mit Tischen direkt am Wasser wird das Plätzchen zum Treffpunkt bis tief in die Nacht, wenn die anderen Restaurants schon langsam ihre Stühle festschnüren. ***Infos:*** *tgl. | Obala Maršala Tita 1, Veli Lošinj | €*

8 Gelateria Moby Dick

Helles, freundliches und kreatives Eiscafé in Mali Lošinj. Kaffee und Kuchen sind lecker, die schattigen Sitzplätze gemütlich – aber nichts schlägt das hervorragende Eis in allen möglichen Geschmacksvariationen. ***Infos:*** *tgl. | ul. Vladimira Gortana 38, Mali Lošinj | Facebook: Moby Dick Gelateria | €€*

EINKAUFEN

9 Gastro Croatia

Souvenirs sind normalerweise zum Mitbringen. Diese Köstlichkeiten kannst du auch einpacken lassen, aber eigentlich willst du sie direkt verspeisen. „The

HÄNGEN LASSEN

Die Insel Lošinj aktiviert dein Entspannungs-Gen.

world is mine with prosciutto, cheese and wine" – was für ein schönes Motto für diesen geschmackvollen Feinkostladen. ***Infos:*** *tgl. | Priko ul. 16, Mali Lošinj | gastro-croatia.store*

STELL- & CAMPINGPLÄTZE

10 Der große, schattige Erholungspark

An einer ruhigen Sackgasse an der Čikat-Bucht gelegen, in Spazierweite zum Latino Beach (▶ S. 61) und zum Zentrum von Mali Lošinj. Der Platz ist ziemlich riesig, aber trotzdem gemütlich mit vielen schattigen Stellplätzen im Grünen. Mitten auf dem Gelände strahlt das große Spaß-Freibad mit mehreren Pools und Rutsche.

Camping Čikat

€€–€€€ | Čikat ul. 6a, Mali Lošinj | Tel. +385 51 23 21 25 | camp-cikat.com | GPS 44.535990, 14.451332

▶ **Größe:** *1200 Stellplätze, ca. 300 Mietunterkünfte*

▶ **Ausstattung:** *Spielplatz, Restaurant, Imbiss, Laden, WLAN, Freibad, Trockner, Waschmaschinen, Fahrrad-/E-Bike-Verleih, Minigolf, Volleyball, Kinderbetreuung, Bootssteg, Bootsverleih*

11 Relaxter Campingplatz zum Durchatmen

Streng genommen schon auf der Insel Cres, aber nur wenige Autosekunden hinter der Brücke von Lošinj kuschelt sich dieser mittelgroße Platz in einen Kiefernwald an einer kleinen Bucht. Hier ist's wirklich ruhig und sauber. Am glasklaren Wasser sitzend kommt echte, dauerhafte Entspannung auf. Nach Mali Lošinj ist es zwar eine knappe halbe Stunde Fahrt, aber für Tages- oder Halbtagesausflüge dürfte das kein Problem sein. Wanderziele liegen in der näheren Umgebung. Und im benachbarten Ort Nerezine finden sich auch ein paar gute Lokale.

Camping Bijar

€–€€ | Osor, Osor Cres (22 kmvon Mali Lošinj) | Tel. +385 51 23 71 47 | camp-bijar.com | GPS 44.699588, 14.396660

▶ **Größe:** *198 Stellplätze, davon 77 parzelliert, 26 Mietunterkünfte*

▶ **Ausstattung:** *Spielplatz, Imbiss, WLAN (auf Teilen des Geländes), Waschmaschinen, Volleyball, Tischtennis, Kinderbetreuung, Bootssteg, Boots- und Fahrradverleih, Brötchenservice, Hundedusche*

Spot 6

Insel Krk

Nie waren Konsonanten so schön

Fast alle erinnern sich, von Krk gehört zu haben, weil es so lustig klingt und doch eigentlich gar kein richtiges Wort sein kann. Hier wundert sich keiner drüber. Viel zu hübsch ist die Landschaft mit ihren Buchten, um sich sprachliche Sorgen zu machen. Viel zu eindrucksvoll sind die Städtchen, allen voran das historische Highlight, das genauso heißt wie diese größte Insel Kroatiens. Von Cres per Fähre kommend stellt sich auch gleich das uneingeschränkte Inselgefühl ein, andererseits ist Krk aber auch über eine eindrucksvolle Brücke mit dem Festland verbunden.

ÜBERBLICK

Der Friedhof oberhalb von Baška garantiert Fernsicht in die Inselwelt vor Krk.

AKTIVITÄTEN & SIGHTSEEING

1 Durchs historische Zentrum von Krk-Stadt bummeln

Mindestens einen Abend solltet ihr für die charmanteste **Altstadt** der Insel einplanen. Die lange, breite Promenade am Hafen entlang mit all den Ausflugsbooten gehört ebenso zum höchst angenehmen Pflichtprogramm wie ein Gang in die Nebengässchen. Von der schön restaurierten und bei Dunkelheit romantisch beleuchteten **Frankopan-Burg** bietet sich ein herrlicher Ausblick. ***Infos:*** *Frankopanski Kaštel Krk: im Sommer Mo–Sa 9–22 Uhr, sonst kürzer | 5 € | kastel-krk.com* ***Parken:*** *relativ günstig und zentrumsnah an der ul. Slavka Nikolića (GPS 45.024468, 14.567382)*

2 Gässchen und Buchten an der Ostküste entdecken

In **Vrbnik** geht's ziemlich steil zu. Die auf einen Felsen gebaute kleine Altstadt fällt jäh zum Ufer hin ab. Keine Promenade am Wasser, dafür sehr authentische Sträßchen in luftiger Höhe, darunter der Klančić, mit 40 cm zumindest laut Einheimischen das engste Gässchen der Welt. Berühmt aus Vrbnik: der Weißwein Žlahtina. Auch der Strand unterhalb des Städtchens ist einen Besuch wert.

Insider-Tipp

Für Schnorchelnasen

Wegen seiner vielen Fische ideal zum Tauchen ist der südlich von Vrbnik in einer tiefen Bucht versteckte ***„Stille Strand"*** *(Plaža Kozica, GPS 45.072246, 14.683754).*

3 Das Inselende erkunden

Baška am Südostzipfel Krks ist für seinen „Großen Strand" (Vela Plaža) bekannt. Weniger besuchte Strände – wie der schöne Mali Raj *(GPS 44.965993, 14.781818)* – schließen sich im Osten an. Kurz vor Baška geht's im Dorf Jurandvor hinauf zur mittelalterlichen **Abtei der Hl. Lucia** mit Panoramasicht. ***Infos:*** *Opatija Sv. Lucije: tgl. 9.30–16.30 Uhr | 5 € | GPS 44.977209, 14.738210 | azjurandvor.com*

4 Das Mini-Eiland Košljun umrunden

Auf der kleinen Insel in der Punat-Bucht ist's garantiert ruhig, denn hier gibt's nur dichten Wald und genau ein menschengemachtes Bauwerk: das imposante **Franziskaner-Kloster** mit **Ethnografischem Museum.** ***Infos:*** *Überfahrt von Punat z. B. mit Taxi Boat Punat: alle 30 Min., Fahrzeit 10 Min. | 7 €/Pers. hin und rück | krkboattrip.com; Franjevački samostan/Etnografski muzej: Mo–Sa 9.30–17, So, Fei 10.30–12.30 Uhr | 5 € | kosljun.hr*

REGENTAG – UND NUN?

5 Ab in die Höhle!

Die kleine **Špilja Biserujka** ist bei Schlechtwetter genau wie an heißen Tagen ein guter Zufluchtsort. Ihr großer Saal birgt einige beeindruckende Tropfsteine. Zum hübschen **Rudine-Strand** ist es nur ein kurzer Fußmarsch. ***Infos:*** *tgl. Juli/Aug. 9–18 Uhr, sonst kürzer | Rudine 5, Rudine | 6 € | spilja-biserujka.com.hr*

ESSEN & TRINKEN

6 Zrinski Krk

Kein Schnickschnack, sondern selbst gebackenes Brot und frisch Zubereitetes aus der Region. Besonders die Fischteller und die Meeresfrüchte halten, was sie versprechen. Zwischendurch gibt's den ein oder andern Schnaps aufs Haus. Auch die schattige Lage der Terrasse neben der St. Quirinus-Kirche im historischen Zentrum von Krk und die fairen Preise sorgen dafür, dass der Laden läuft. ***Infos:*** *tgl.* | *Trg svetog Kvirina 1, Krk* | *Tel. +385 51 22 02 12* | *€€*

7 Pizzeria Camplin

Wer hier einkehrt, sollte Hunger mitbringen, denn die leckeren Fladen sind riesig. Auch viele Varianten ohne Fleisch, Spezialität des Hauses sind die *pizze verde* mit Spinat im Teig. Für den Absacker geht man ein paar Schritte in den zünftigen **Pub Tiffany.** ***Infos:*** *tgl.* | *ul. Alojzija Stepinca 5, Krk* | *Tel. +385 51 22 23 11* | *Facebook: Pizzeria Camplin* | *€–€€*

8 Caffe Bar Dubravka

Du suchst in den steilen Gässchen von Vrbnik einen Platz, um gut, schattig und recht günstig ein Kaffeepäuschen zu machen? Gefunden! Wenn du nicht wieder hinters Steuer musst, ist in diesem weithin bekannten Weißweinort natürlich auch ein kühles Gläschen Pflicht. ***Infos:*** *tgl. bis spät abends.* | *Trg Sv. Ivana 1, Vrbnik* | *Tel. +385 51 85 73 90* | *€*

EINKAUFEN

9 Arca Noa

Kein Andenkenladen wie jeder andere: Zwischen urigen Holzdecken und alten Steinmauern geht's hier sehr authentisch zu. Die Spezialität des Hauses sind handgemachte Lehmfiguren zum

POLEPOSITION

Von den Terrassen des Škrila Sunny Camping bist du mit einem Satz im Meer.

Thema Arche Noah. ***Infos:*** *tgl. | ul. Antuna Mahnića 10, Krk*

STELL- & CAMPINGPLÄTZE

10 Voll ausgestatteter Platz neben der Stadt

Auf dem terrassenartig angelegten Resort sind die Stellplätze direkt am Strand für viele Gäste erste Wahl, aber auch die meisten anderen Parzellen haben eine tolle Sicht und sind oft angenehm schattig. Alles sehr neu, sauber und großzügig eingerichtet. Neben der kompletten Infrastruktur überzeugt die Nähe zum Inselhauptstädtchen Krk. Da kann euer Fahrzeug ausruhen, während ihr die gut 2 km zu Fuß bewältigt oder radelt.

Krk Premium Camping Resort

€€€ | ul. Narodnog preporoda 80, Krk | Tel. +385 52 46 50 00 | camping-adriatic.com | GPS 45.023320, 14.590786

▶ **Größe:** *337 Stellplätze, 145 Mietunterkünfte*
▶ **Ausstattung:** *Spielplatz, Kinderbetreuung, WLAN, Restaurant, Imbiss, Laden, Waschmaschinen, Trockner, Minigolf, Volleyball, (Tisch-)Tennis, Swimmingpools, Sauna, Bootsverleih, Tauchkurse*

11 Einzigartiger Adriablick

Eine absolute Traumlage, in direkter Nähe und gleichzeitig leicht oberhalb der Strände von Stara Baška (dem „alten Baška", nicht zu verwechseln mit dem oben erwähnten Baška mit seinem großen Strand). Durch die Anordnung des Campings in Terrassen haben viele Stellplätze einen sensationellen Meerblick. Die Anlagen sind tipptopp sauber und gut in Schuss. Ein Hundestrand liegt um die Ecke. Im Dorf Stara Baška gilt ein offizielles Wohnmobil-Verbot, doch vorher steht ein kleiner Parkplatz zur Verfügung, Busse können aber weiterfahren. Die Straße endet im kleinen Hafen mit Strand – ideal für einen Sprung ins Wasser.

Škrila Sunny Camping

€€ | Stara Baška 300, Stara Baška | Tel. +385 52 46 50 00 | camping-adriatic.com | GPS 44.966649, 14.673981

▶ **Größe:** *291 Stellplätze, davon 141 parzelliert, 42 Mietunterkünfte*
▶ **Ausstattung:** *Spielplatz, WLAN, Restaurant, Imbiss, Laden, Waschmaschinen, Volleyball, Tischtennis, Hundedusche*

HIMMLISCHER ABSTURZ

Im Nationalpark Plitvicer Seen fällt das Wasser etagenweise tiefer.

Tour C

Berauschende Erlebnisse: einmal Wasserfall und zurück
Von Krk über Plitvicer Seen und Zadar nach Šibenik

Start & Spot **6** Insel Krk ▶ S. 64

184 km

Spot **7** Nationalpark Plitvicer Seen ▶ S. 78

134 km

Spot **8** Zadar ▶ S. 82

79 km

Ziel & Spot **9** Šibenik mit Krka-Nationalpark ▶ S. 98

Die kroatische Küste mit all ihren Inseln, Buchten, Aussichtspunkten, großartigen Städten und Hafenorten ist so schön – warum in aller Welt solltest du Hunderte Kilometer auf den Kilometerzähler packen, nur um irgendeinen Naturpark zu sehen? Weil die Plitvicer Seen nicht irgendein Park sind und locker die doppelte Entfernung wert wären: türkise Seen, herrliche Wasserfälle, fantastische Panoramen, leuchtendgrüne Wälder. Und danach aber wieder ganz schnell zurück an die Adriaküste, denn auch in und um Zadar ist sie wieder einzigartig!

Strecke 397 km

Reine Fahrzeit 11 Std.

Streckenprofil Gut befahrbare Asphaltstraßen, von der Küste in Richtung Nationalpark geht es kurze Zeit recht steil in leichten Serpentinen bergauf, aber auf einer breiten Straße.

Empfohlene Dauer 6 Tage

Anschlusstouren
A B D

FACTS

Tour C im Überblick

Tour-Highlights

Die Adria zu deinen Füßen bestaunen bei *Utvrda Vratnik* ▶ **S. 74**

Unvergleichliche Fotos aus der Vogelperspektive knipsen bei den *Plitvicer Seen* ▶ **S. 79**

Lass dir in *Zadar* vom Meer ein Konzert spielen ▶ **S. 83**

Brücke Krk–Festland
Delnice
A6
Duga
Resa
A7
atija
A7
RIJEKA
Vrbovsko
Crikvenica
Ogulin
Velika
Kladuša
Insel Krk
Seite 64
Novi
Vinodolski
Aussichtsplattform Utvrda Vratnik
Bužim
Nationalpark
Plitvicer Seen
Seite 78
6
Krk
Cazin
Nehaj-Festung in Senj
Konoba Stric Luka
Otočac
7
Hrvatska
Rab
Kvarnerić
Park prirode
Velebit
Mali
Lošinj
Novalja
Gospić
Pag
Virsko
more
Nin
Obrovac
Zadar
Seite 82
Maslenica-Brücke
8
D424
Benkovac
A1
Biograd na Moru
Skradin
Vodice
Šibenik mit
Krka-Nationalpark
Seite 98
9

C Tourenverlauf

LOS, GEHT'S!

Start & Spot 6

Insel Krk
Nie waren Konsonanten so schön ▶ **S. 64**

30 km

Von Krk-Stadt kommend fahrt ihr auf der Straße 102 am Flughafen vorbei und nähert euch der großen Bogenbrücke. Falls ihr euch die **Biserujka-Höhle** bei Rudine (▶ S. 65) noch nicht angeschaut habt, könnt ihr auf dem Weg nach Norden einen Abstecher dorthin machen.

Brücke Krk–Festland

Das 1450 m lange und bis zu 67 m hohe Bauwerk verbindet die Insel Krk mit dem Festland. Über Jahre war hier eine Mautstation, seit 2020 wird nicht mehr kassiert. Trotzdem solltet ihr auf zähflüssigen Verkehr hoffen, denn die Aussicht von der Brücke auf die unglaubliche Weite der Adria zu beiden Seiten bleibt definitiv in Erinnerung.

Wer ganz genau hinschauen möchte, fährt direkt hinterm Flughafen rechts ab ins Dorf Voz. Aus der dortigen Bucht liegt die Brücke für eure Fotoapparate perfekt zum Abschuss frei (GPS 45.234827, 14.578770).

Optionaler Anschluss: Tour A

18 km

Auf der Nordspitze von Krk bzw. gegenüber auf dem Festland kommt ihr an den Abfahrten zum **Camping Omišalj** (▶ S. 41) vorbei. Mit den Reifen auf dem Festland biegt ihr rechts ab auf die E65, die Adria-Magistrale (Jadranska Magistrala), und in Crikvenica dann runter Richtung Zentrum und Meer.

Crikvenica

Das Einbahnstraßensystem macht's einem nicht ganz einfach, denn die Strossmayerovo šetalište unten am Wasser entlang kann nur von Süden nach Norden befahren werden. Entweder parkt ihr beim zentralen und gut bezahlbaren **Car Park Ivana Skomerze** *(ul. Ivana Skomerže 3)*, der aber oft voll und recht eng sein kann, oder ihr lenkt die Strossmayerovo šetalište im Schneckentempo entlang, um den Ort kennenzulernen und irgendwann einen Straßenparkplatz zu finden. Nett präsentiert sich der kleine **Stadtstrand** *(Plaža Crikvenica, GPS 45.175913, 14.685505)*, der zwar aus Kies ist, aber teils angenehm sonnengeschützt und samt Spielplatz eine gute Badestelle für die ganze Familie darstellt.

Insider-Tipp
Bei den Sonnenanbetern parken

Beim Crikvenica-Strand findet ihr übrigens auch reichlich Platz für euren fahrbaren Untersatz. Und ins Stadtzentrum sind es von hier zu Fuß nur rund 10 Minuten.

Caffe Bar Triton Crikvenica
Das Triton hat eine schattige Terrasse und das freundliche, oft zu Späßen aufgelegte, deutschsprachige Personal serviert tadellose Eiscreme und guten Kaffee. Es gibt auch geistreiche Flüssigkeiten, u. a. als Cocktail.

i *tgl. | Strossmayerovo šetalište 2, Crikvenica | €–€€*

33 km Zurück auf der E65 fahrt ihr ein längeres Stück die Küste entlang bis nach Senj (auf deutschen Karten manchmal als Zengg angegeben).

Nehaj-Festung in Senj

Ein ganz kurzer Zwischenstopp lohnt sich allemal. Fahrt einfach im Ort einmal schnell hinauf zur Festung aus dem 16. Jh. Wenn nicht gerade Mittelalterfest ist, könnt ihr euch das Bauwerk ganz in Ruhe von außen

BOGEN-SCHIESSEN

Lizenz zum Knipsen – aus der Voz-Bucht ist der Blick auf die Krk-Brücke unverstellt.

FEST VERANKERT

Die Nehaj-Festung hat seit dem 16. Jh. niemand auch nur einen Zentimeter verschoben.

anschauen und vor allem die Ausblicke genießen. Innen ist es auch schön, ein Besuch der Waffen- und Trachtenausstellung aber nicht zwingend.

i Tvrđava Nehaj: tgl. Aug. 9–21 Uhr, sonst kürzer | 5 € | Nehajski put 3, Senj | muzej-senj.hr

5,5 km | In Senj verlässt die Trasse die Küste auf der Straße 23 ostwärts.

Konoba Stric Luka

Wer nicht hungrig ist, hat Pech gehabt, aber dieses Lokal ist einfach zu gut, um es zu verschweigen. Klassische kroatische Küche, einfach, aber knusprig, saftig, würzig – alles so, wie es sein soll. Dazu eine hübsche Einrichtung, nettes Personal und sehr faire Preise. Zum Sattessen!

i Di–So | Senjska Draga 28, Senjska Draga | €–€€

9,5 km | Weiter geht es auf der Straße 23 in einigen recht engen Kurven nun deutlich nach oben. Umso schöner die Aussichten, die sich zurück auf die Küstenlandschaft auftun.

Aussichtsplattform Utvrda Vratnik

Dort, wo die Kurven aufhören und sich die Straße wieder glattzieht, wartet dieser Blickpunkt auf euch. Eine kleine Schotterpiste geht links ab – ausreichend, um heranzufahren und bei einem kurzen Spaziergang das wie aus dem Bilderbuch gesprungene Panorama der sogenannten Kvarner Bucht auf sich wirken zu lassen. Kaum zu glauben, dass ein Hotel mit solchem Ausblick sich nicht halten konnte und jetzt als windumtoste Ruine ein wenig zusätzliche Atmosphäre verleiht.

GPS 44.978603, 14.985505

86 km Die Straße 23 geht schließlich in die 50 über. Nicht auf die Autobahn fahren, sondern hier bleiben! Die 50 führt ebenfalls nach Südosten und streift dabei ein paar Mal die Autobahn. Hinter dem Dorf Otočac biegt ihr links in die Straße 52, die in Gornji Babin Potok bereits den Nationalpark Plitvicer Seen erreicht. In einem großen Bogen geht's erst leicht südlich, dann links auf die Straße 1 und nach Norden bis zum großen, kostenpflichtigen Parkplatz (▶ S. 79) beim Eingang zum zahlungspflichtigen Bereich der Plitvicer Seen.

Spot 7

Nationalpark Plitvicer Seen
Fantastische Wasserfälle aus der Vogelperspektive ▶ **S. 78**

104 km Aus dem Nationalpark nehmt ihr die Straße 1, wieder zurück in südlicher Richtung. Vorsicht, dass ihr unterwegs nicht aus Versehen auf die mautpflichtige Autobahn fahrt. Auch auf diesem Abschnitt lohnt sich das nämlich nicht wirklich. Erst im Ort Gračac verlasst ihr diese Straße und landet über die 27 und die 54 schließlich wieder auf der berühmten Adriastraße Jadranska Magistrala, die von Nord nach Süd an der gesamten kroatischen Küste entlangführt.

Maslenica-Brücke

In Maslenica überquerst du die beeindruckende Maslenički most, welche den Kanal überspannt, der die Adriabucht im Norden mit dem südlichen Novigrader Meer *(Novigradsko More)* verbindet. Sie wurde ursprünglich 1961 errichtet, dann im Krieg 1991 zerstört und 2005 wiederaufgebaut. Etwas weiter nördlich wurde 1996 die Maslenica-Autobahnbrücke eröffnet.

Keine Sorge, Fotofans haben noch nichts verpasst, denn der Parkplatz liegt für euch hinter der Brücke. Also bitte alle aussteigen und bewundern: Die fantastisch hohen, roten Metallbögen sind der ideale Vordergrund für ein paar Bilder, wie sie eine Drohne nicht schöner machen könnte (GPS 44.223432, 15.529931).

C Tourenverlauf

Insider-Tipp

Einfach mal fallenlassen

Die Maslenica-Brücke schreit geradezu nach ***Bungee-Jumping.*** *Und siehe da: Genau das wird hier angeboten. Wenn gerade keiner vor Ort sein sollte, zögert nicht anzurufen (tgl. 14–20 Uhr | 100 € | Tel. +385 98 53 22 53 | izazov-tours.hr).*

30 km | Die Adria-Magistrale bringt euch von der Brücke auf direktem Weg hinein nach Zadar.

Spot 8

Zadar

Mediterranes Flair mit Meeresorgel ▶ **S. 82**

30 km | Auf der Jadranska Magistrala geht es an der Küste entlang aus Zadar weiter in Richtung Südosten bis zur ersten Stadt, die nach einem Zwischenhalt verlangt.

Biograd na Moru

Von der Adriatischen Küstenstraße ist das Zentrum dieses von Touristen weniger überlaufenen Städtchens über die Ulica Dr. Franje Tuđmana sehr schnell erreicht. Der hübsch angelegte **Yachthafen** ist die erste Attraktion dieses Hafenortes. Die Altstadt mit einigen Gässchen und kleiner Promenade schmiegt sich direkt dahinter angenehm ans Wasser und ist schnell abgelaufen, trotzdem macht ein gemütlicher Spaziergang Freude. Mittendrin: die **St.-Anastasia-Kirche** *(Crkva Sveta Stošija)*. Vom Ufer schweift der Blick übers Wasser auf die beiden vorgelagerten Mini-Inseln Otok Planac und Sveta Katarina sowie im Hintergrund die um mehrere hundert Male größere **Insel Pašman.**

P *Nehmt z. B. den Parkplatz beim auch Marina genannten Yachthafen (ul. kralja Petra Svačića 19, Biograd na Moru).*

Konoba Kaciol

Wer in dem Örtchen ein wenig länger verweilen möchte, kann in diesem klassisch-dalmatinischen Esslokal einkehren, rustikal mit Holztischen auf der gemütlichen Terrasse – alles etwas versteckt in den Altstadtgassen, aber nur einige Schritte von der Adria. Die Nudeln werden hier selbst hergestellt und schmecken hervorragend, egal in welcher Komposition. Fisch, Meeresfrüchte und Steaks gehören ebenfalls zu den Spezialitäten.

tgl. nur abends | ul. bana Josipa Jelačića 2, Biograd na Moru | Tel. +385 916 07 64 29 | Facebook: kaciolbiograd

Adventure Park Biograd
Noch innerhalb der Stadt, aber bereits an der Jadranska Magistrala liegt dieser überschaubare Abenteuerpark mit Kletterwänden und Parcours verschiedener Schwierigkeitsstufen. Besonders die Kleinen werden ihre Freude haben – einige Angebote sind schon für Kinder ab 5 Jahren geeignet –, aber Erwachsene können hier ebenfalls klettern. Auch Ziplines, Paintball und Offroad-Touren mit Quads gehören zum Angebot sowie Kajak-Tagesausflüge auf dem nahen Vranasee.

tgl. 9–20 Uhr | Jadranska magistrala, Savska ul. 1, Biograd na Moru | ab 20 € | adventure-park.hr.

49 km Auf der Jadranska Magistrala fahrt ihr weiter südostwärts immer entlang der Küstenlinie über Vodice bis nach Šibenik.

Ziel & Spot 9

Šibenik mit Krka-Nationalpark
Uralter Stadtcharme und Landschaftszauber ▶ **S. 98**

Optionaler Anschluss: Tour D

EINGENISTET

Am Strand in Nin bei Zadar bieten Bäume und Büsche praktischen Wind- und Sichtschutz.

Spot 7

Nationalpark Plitvicer Seen

Fantastische Wasserfälle aus der Vogelperspektive

Sogar von Zagreb aus wird dieser nicht allzu große Naturpark nahe der bosnischen Grenze als Tagesausflug angeboten. Kein Wunder, denn besonders der kostenpflichtige und meistbesuchte Abschnitt ist ein unglaubliches Naturschauspiel – fast schon zu schön, um wahr zu sein. Der Blick von oben auf herrlich blau-türkise Seen, rauschende Wasserfälle und im Grünen verborgene Holzstege gehört zu den umwerfendsten Motiven in ganz Kroatien. Von der Adriaküste aus ist der Park ebenfalls bestens zu erreichen, übrigens auch ein Paradies für Aktive: wandernd, radfahrend, rudernd, sogar rodelnd kommst du hier mehr als auf deine Kosten.

AKTIVITÄTEN & SIGHTSEEING

1 „Oh" rufen beim Anblick der Wasserfälle und Seen

Im zahlungspflichtigen Teil des Nationalparks Plitvicer Seen werden verschiedene Programme angeboten. Mein Tipp ist **Programm H:** Mit dem Bus geht's vom **Eingang 2** ganz nach oben und über Holzstege und Naturpfade langsam bergab. Auf jedem „Stockwerk" breitet sich ein See aus. Unten tuckert ihr per Boot über den größten, den **Kozjaksee.** Gegenüber geht die Wanderung weiter und gegen Ende wartet der höchste Wasserfall des Landes: **Veliki Slap.** ***Infos:*** *tgl. 7–20, Kassenschluss 17 Uhr | Dauer 4–6 Std., Wanderstrecke 8,9 km | Juni–Sept. 40 €, nach 16 Uhr 25 €, Rest des Jahres günstiger | GPS 44.882394, 15.618472 | np-plitvicka-jezera.hr | Hunde nur angeleint* ***Parken:*** *GPS 44.883719, 15.624253, vom Info-Zentrum am kostenpflichtigen Parkplatz ca. 15 Min. Fußweg zum Eingang 2*

Insider-Tipp
Lass dich fahren
*Nutze evtl. den **Shuttle-Service** deines Campingplatzes, denn der Parkplatz ist recht teuer.*

2 Mit der Zipline über den Korana-Fluss sausen

Erstaunlich viel Spaß macht der **Adrenalinpark** mit seiner 300 m langen Zipline, an deren Seilen hängend du bis zu 70 km/h erreichst. Auch beim Zorbing und auf der 12 m hohen Schaukel werden deine Nerven gekitzelt. Sehr freundlich-fröhliche Betreuung. ***Infos:*** *Adrenalin Park Plitvice: April–Okt. tgl. 11–19 Uhr (außer bei Regen) | Selište Drežničko 42, Selište Drežničko | Zipline 20 € | adrenalin-park-plitvice.com*

3 Kleine Gipfel erobern

Drei Berge können auf dem idyllischen **Wanderweg 1** im zahlungspflichtigen Teil des Nationalparks erklommen werden. Genau richtig, um die Lungen einmal bis zum Anschlag mit unverdorbener Luft zu füllen! ***Infos:*** *▶ Punkt 1 | Dauer 2,5 Std., Wanderstrecke 8 km | Beginn am **Eingang 2,** Ende am Eingang 1, Shuttlebus zurück im Eintritt enthalten*

4 Den Nationalpark mit dem Bike entdecken

Wer mehr vom Nationalpark jenseits der touristischen Hotspots kennenlernen möchte, sollte sich aufs Rad setzen. Die Nationalpark-Website *(np-plitvicka-jezera.hr)* stellt verschiedene Routen vor,

REGENTAG – UND NUN?

5 In der Bärenhöhle Unterschlupf suchen

Eine Tour über die **Plitvicer Seen** lohnt bei jedem Wetter: Bei Regen haltet euch an das kürzere **Programm B.** Im Zug seid ihr gut geschützt und das Boot ist überdacht. Auch in der Bärenhöhle ist es garantiert trocken. ***Infos:*** *▶ Punkt 1 | Dauer 3–4 Std., Wanderstrecke 4 km; Höhle: GPS 44.909846, 15.608809, nahe dem Parkplatz am Eingang 1 | außerhalb der Tourprogramme* auch MTB-Trassen, darunter die eher einfache **Route 4** von und nach Korenica *(16,5 km, 96 m Steigung, kein Parkeintritt)*. Ein guter Verleih und Tourenanbieter ist **Plitvice Bike & Bed.** ***Infos:*** *in der Hauptsaison MTB 20 €/Tag, E-Bike 50 €/Tag, sonst günstiger, inkl. Helm, Karte und Lieferung zur Unterkunft | Grabovac 257, Grabovac | plitvicebike.com*

ESSEN & TRINKEN

6 Plitvice Lakes Petar

In dem urigen Restaurant mit freundlichem Service sind die Portionen groß: deftige Kost, regionale Zutaten. Besonders lecker schmecken die Gerichte vom Holzkohlegrill. ***Infos:*** *tgl. | Rastovača 4, Rastovača | Tel. +385 92 285 69 66 | Facebook: Plitvice Lakes Petar | €€*

7 Café Rapajinka

Die Chance ist groß, dass ihr bei diesem Lokal im zahlungspflichtigen Teil des Nationalparks sowieso etwas Zeit verbringt, denn es liegt an der Haltestelle, wo man vom großen Wasserfall aufsteigend rauskommt und auf den Bus zurück zum Ausgang wartet. Ob Bier, Kaffee und Kuchen oder Imbiss – die Qualität ist völlig in Ordnung und die Preise fair. ***Infos:*** *tgl. | Josipa Jovića, GPS 44.896876, 15.612082, Plitvička Jezera | Tel. +385 53 75 10 15 | np-plitvicka-jezera.hr | €–€€*

8 Café Golden Lakes Rooms

Offiziell werden in dieser Pension nur Übernachtungsgäste verköstigt, aber oft gibt es noch Platz für Externe. Die netten Gastgeber sprechen gut englisch. Das Essen mit naturbelassenen Zutaten (u. a. Bio-Fleisch) ist erstklassig. Spezialität: Wild. ***Infos:*** *tgl. | Jezerce 9, Plitvička Jezera | Tel. +385 99 803 54 00 | €€–€€€*

EINKAUFEN

9 Kozjačka Draga

Dieser kleine, hölzerne **Souvenir-Shop** liegt im zahlungspflichtigen Teil

PIT STOP

Verschnaufpause zwischen dem Plitvice-Nationalpark und der Adriaküste

des Nationalparks, am Rande des Picknickplatzes, wo es vom Boot weitergeht zum großenWasserfall. Nette Andenken und ein wenig Handwerkskunst aus der Region, Imbisse und Getränke gehen hier auch über *die Theke.* ***Infos:*** *tgl. | Josipa Jovića, GPS 44.894090, 15.603750, Plitvička Jezera | np-plitvicka-jezera.hr*

STELL- & CAMPINGPLÄTZE

10 Mittendrin im Geschehen

Der Campground erfüllt alle Erwartungen: sauber, nicht zu riesig, mit wirklich gutem Restaurant und freundlichem Personal. Alles recht neu und angenehm. Einzig die Bäume sind (noch) nicht so hoch, was nur eine geringere Abgrenzung zu den Stellplatznachbarn bietet und bei Hitze eher wenig Schatten.

Camping Plitvice

€€ | Smoljanac 67, Smoljanac (ca. 8 km/10 Min. zum Parkeingang 2) | Tel. +385 53 65 24 84 | campingplitvice.hr | GPS 44.933839, 15.630009

▶ **Größe:** *29 Stellplätze, 17 Mobilheime (Bungalows) der Deluxe-Kateogrie*

▶ **Ausstattung:** *Spielplatz, Restaurant, Bar, WLAN, Pool, Sportplatz, Geldautomat, Laden, Shuttlebus zum Park, Waschmaschinen, Trockner, Volleyball, Fitnessgeräte, Tischtennis, Radverleih*

11 Der Unterwegs-Platz für Aktive

Dieses Resort steckt noch in den Kinderschuhen – alles ist fast neu. Parzellen und Wege sind recht großzügig bemessen und bestens befahrbar. Auch hier wachsen die Bäume natürlich noch nicht in den Himmel. Big Bear liegt am Rande des Nationalparks mit schönem Blick auf die Hügel. Zum Sportangebot in der Umgebung gehören u. a. tolle Fahrradrouten, Wanderungen, Zipline-Abenteuer und Kajaktouren auf dem Gacka-Fluss (sogar mit durchsichtigen Kajaks).

Big Bear Plitvice Nature Resort

€€ | Donji Babin Potok 107B, Donji Babin Potok Smoljanac (ca. 38 km/30 Min. zum Parkeingang 2) | Tel. +385 53 65 25 89 | plitvice-resort.com | GPS 44.844516, 15.4811922

▶ **Größe:** *75 Stellplätze, 32 Mobilheime (Bungalows)*

▶ **Ausstattung:** *Spielplatz, Bar, WLAN, Sportplatz, Geldautomat, Schließfächer, Laden, Shuttlebus zum Park, Waschmaschinen, Trockner, Fitnessgeräte, Trampolin, Brötchenservice*

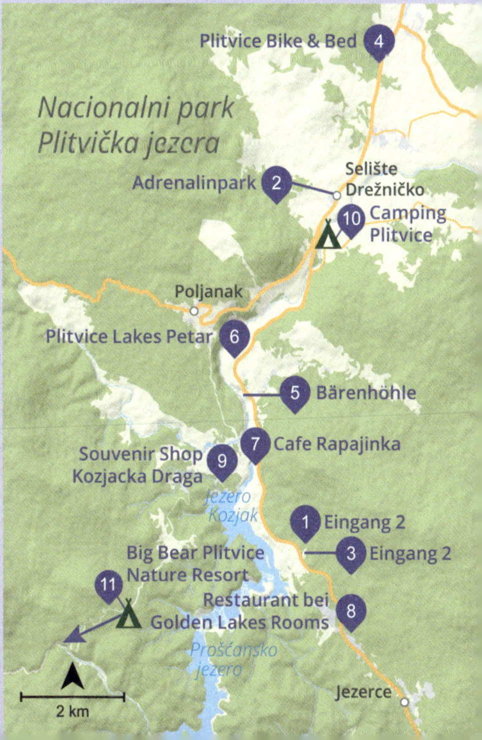

Spot 8

Zadar
Mediterranes Flair mit Meeresorgel

Das Tolle an Zadar ist die Lage inmitten von wild gezackten Buchten und verstreuten Inselchen. Und sogar die Altstadt ragt als Halbinsel-Zipfel ins Wasser: So ist das ganze historische Ensemble herrlich von der Adria umringt. Ohne Durchgangsverkehr ist die Atmosphäre hier sehr entspannt und statt enger, verwinkelter und steiler Gassen findest du eher flache, architektonisch interessante und sogar elegante Sträßchen. Für einen Perspektivwechsel schipperst du schnell hinüber auf die nahe Insel Ugljan mit ihrem hübschen Hafen und der großen Festung.

P *Unmittelbar im Stadtkern liegt der Parkplatz Liburnska obala 4 Parking (GPS 44.117779, 15.225058). Normalerweise ist Zadar aber auch nicht allzu überfüllt.*

PIAZZA

Zadars Altstadt versprüht besonders viel mediterranen Charme.

AKTIVITÄTEN & SIGHTSEEING

1 In vergangene Jahrhunderte eintauchen

Standesgemäß wird die **Altstadt** von einer dicken Mauer geschützt. Hinein geht's durchs steinerne **Stadttor** Kopnena Vrata aus dem 16. Jh. Massig historisches Gepäck präsentiert das weitläufige **Römische Forum** *(Rimski Forum)* mit seinen Ausgrabungsstücken. Auch der **Kirche St. Donatus** *(Crkva sv. Donata)* nebenan sieht man an, dass sie schon rund 1200 Jahre auf dem Buckel hat.

2 Nach der Pfeife des Meeres tanzen

Die Uferpromenade Obala kralja Petra Krešimira IV ist mit der Ausrichtung gen Westen der perfekte Spot für den Sonnenuntergang. Witzig an ihrem nördlichen Ende: die **Meeresorgel** – 35 verschiedene Röhren unter dem Wasserspiegel, die in Orgelpfeifen übergehen und je nach Wellengang Töne ausspucken. Gleich daneben in den Boden eingelassen: der **Gruß an die Sonne** – Solarpanels unter Glasplatten, die bei einsetzender Dunkelheit eine schöne Lichtshow veranstalten. ***Infos:*** *Morske orgulje: GPS 44.117228, 15.219916; Pozdrav Suncu: GPS 44.117627, 15.219852*

3 In der Stadt von der Klippe springen

In einer guten halben Stunde per Fußmarsch aus der Altstadt zu erreichen ist der **Punta Bajlo Beach:** Er ist zwar steinig, aber von einigen Felsen könnt ihr ziemlich ungefährlich ins Wasser hüpfen. Für die Kids passt am besten der flache Abschnitt. Viele Bäume lassen euch in ihrem Schatten verschnaufen. Es gibt sogar Umkleide und Duschen, Pizzeria und Café. ***Infos:*** *GPS 44.095439, 15.248230.*

4 Rüberhüpfen auf die Oliveninsel Ugljan

Der Strand Mostir im Dorf **Preko** ist sogar richtig sandig. Gut per Wanderung zu erreichen: die Ruine der **St.-Michaels-Festung** *(Tvrđava Sveti Mihovil)*. Hochkraxeln für einen tollen Rundumblick! ***Infos:*** *Fähre nach Preko: im Sommer ca. 10 x tgl. | Dauer 25 Min. | 5 € hin und rück | vom Zadar Cruise Port, GPS 44.091820, 15.261729 | jadrolinija.hr*

Insider-Tipp
Gluck, gluck, weg war er!

Tolle Tauchspots rund um Zadar und Ugljan zeigt dir das **Zlatna Luka Diving Center** *(Obala kraljice Jelene 1, , Bibinje | diving-zlatnaluka.net).*

REGENTAG – UND NUN?

5 In schön arrangiertes Altglas blinzeln

Im **Museum für antike Gläser** stehen Stücke, deren Geschichte bis ins Römische Reich zurückreicht. Fragt gleich am Anfang nach dem Glasbläser, der oft vor Ort die Entstehung der Gläser veranschaulicht. ***Infos:*** *Muzej antičkog stakla: tgl. 9–21 Uhr | 6 € | Poljana Zemaljskog odbora 1, Zadar | mas-zadar.hr/en*

ESSEN & TRINKEN

6 Trattoria Mediterraneo

Ein paar Tische im Altstadtgässchen, ein paar auf der überdachten Terrasse. Die Klassiker Pizza, Pasta, Risotto und *frutti di mare* schmecken wie in Bella Italia, das Preis-Leistungs-Verhältnis ist wirklich fair. Nudeln mit Trüffeln, vielleicht noch eine Fischsuppe am Anfang, dazu ein echt leckeres lokales Bier – und der Abend ist dein Freund! ***Infos:*** *tgl. | Madijevaca ul. 4, Zadar | Tel. +385 23 25 44 40 | Facebook: Trattoria Mediterraneo Zadar | €–€€*

7 Restaurant Bruschetta

Die Lage am Rande der Altstadt mit Blick auf die Adria-Promenade ist perfekt. Auf den Teller gibt's aber auch sehr Hochwertiges, vor allem Seafood: schwarzer Risotto mit Tintenfisch zum Beispiel, aber auch vegane Pasta. Und natürlich die namensgebende Bruschetta – wie lecker ein Arme-Leute-Essen sein kann! Sehr guter, oft trotz Hochbetrieb erstaunlich flotter Service. ***Infos:*** *tgl. | ul. Mihovila Pavlinovića 12, Zadar | Tel. +385 23 31 29 15 | bruschetta.hr | €€–€€€*

8 Art Kavana

Die Kuchen und Torten aus eigener Herstellung sind wirklich einzigartig. Die Kompositionen sind kreativ, die Preise dieses gemütlichen Lokals am Rande der Altstadt fair. Auch das Eis schmeckt gut. ***Infos:*** *tgl. | ul. Bartola Kašića 1, Zadar | Tel. +385 91 123 12 50 | Facebook: Art Kavana Zadar | €€*

EINKAUFEN

9 Ars Natura

Ein Souvenirladen, wie man ihn sich wünscht: Nein, ganz günstig ist es nicht, dafür gibt es aber wenig Tand, sondern Handgemachtes und Künstlerisches, das als echtes Mitbringsel taugt. ***Infos:*** *tgl. | ul. Široka 24, Zadar | ars-natura.hr*

STANDING OVATIONS

Für ein Paddleboard ist immer Platz im Womo.

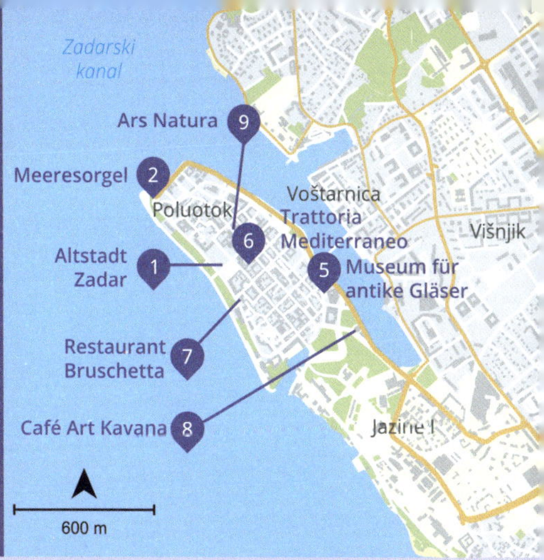

STELL- & CAMPINGPLÄTZE

10 Nah am Wasser gebaut

An einer Bucht, bei der man fast nicht den Ausgang in die Adria findet, liegt dieser kleine, familiäre Campingplatz fast unmittelbar am Strand. Gute Ausstattung, frisch zubereitetes Essen und nette Betreiber runden das Bild ab.

Camp Miočić Rtina

€–€€ | Rtina (ca. 25 km/25 Min. von Zadar-Zentrum) | Tel. +385 23 65 30 18 | camp-Miocic.com | GPS 44.292047, 15.302023

- **Größe:** *20 Stellplätze*
- **Ausstattung:** *Spielplatz, Sandstrand, Restaurant, Bar, WLAN (teilweise), Pool, Waschmaschinen, Volleyball. Bootsverleih, Tauchen und Angeln in direkter Nachbarschaft*

11 Schattenparken in Stadtnähe

Wenn ihr Zadar per Fahrrad erreichen möchtet: Gleich hinter der Stadtgrenze liegt diese kleine Anlage ganz im Grünen, die Stellplätze sind recht schattig. Das Meer liegt drei Gehminuten entfernt. Einfach, aber mit allem Nötigen ausgestattet, freundlich und entspannt.

Camp Plat Kožino

€ | Put svetog Bartula 54, Kožino (ca. 9 km/15 Min. von Zadar-Zentrum) | Tel. +385 92 284 33 99 | camp-plat.hr | GPS 44.172694, 15.179336

- **Größe:** *10 Stellplätze*
- **Ausstattung:** *Waschmaschine, Kühlschrank, WLAN, Imbiss, Restaurant und Angelstelle in direkter Nähe*

12 Inselplatz mit viel Platz

Ein bisschen teurer, dafür gibt's Allround-Versorgung und Stellplätze mit 100 bis 140 m² Fläche. So oder so ist's hier auf der Insel Ugljan gleich gegenüber von Zadar sehr großzügig. Und wenn es mal nicht so salzig sein soll: Ein ganzes Schwimmbad gehört zum Gelände dazu.

Camping Ugljan Resort

€€–€€€ | Put uvale suha 1, Ugljan (ca. 10 km/15 Min. vom Fährort Preko) | Tel. +385 23 24 09 50 | camping-ugljan.com | GPS 44.109526, 15.102778

- **Größe:** *55 Stellplätze, 27 Mobilheime, 4 Mietzelte*
- **Ausstattung:** *Spielplatz, Imbiss, Laden, WLAN, Schwimmbad, Sportplatz, Geldautomat, Waschmaschinen, Trockner, Boots- und Radverleih, Hundestrand, Sportprogramm*

**LAUBEN-
LAUSCHIG**

Die Insel Hvar bietet wesentlich mehr als Strände und Wasser.

Tour D

Schöne Aussichten: Altstädte, Burgen, Berge und Wasserfälle
Von Šibenik nach Makarska

Start & Spot **9** **Šibenik mit Krka-Nationalpark** ▶ S. 98

105 km

Spot **10** **Split** ▶ S. 102

47 km Fährüberfahrt

Spot **11** **Insel Hvar** ▶ S. 106

90 km

Ziel & Spot **12** **Makarska** ▶ S. 120

Am Anfang dieser Tour steht Šibenik: ein Ort, so steil, dass du von der Altstadt einen tollen Blick auf die Umgebung hast. Dazu noch die strahlende Schönheit des Krka-Nationalparks direkt vor Šibeniks Toren. Über das historisch-hübsche Trogir geht's vorbei an immer neuen Festungen in die überraschend attraktive Großstadt Split mit alten Gässchen und eleganter Palmenpromenade. Danach darfst du die Überfahrt per Fähre in Gänze genießen, an deren Ende du die idyllische, grüne Insel Hvar erreichst – mit ihren fantastischen Panoramen, Lavendelfeldern, Sandstränden und uralten Orten.

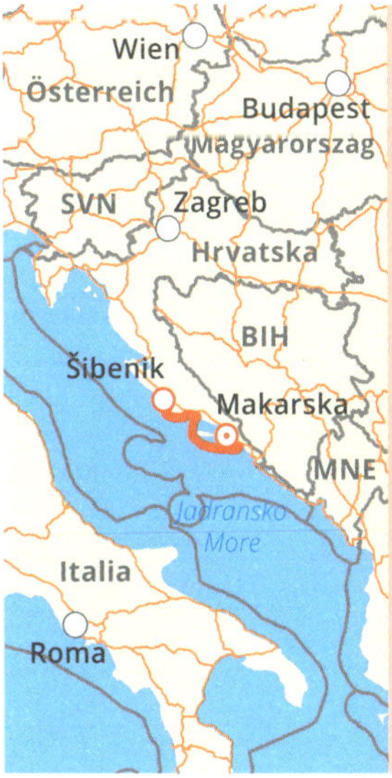

Strecke 195 km (ohne Fährstrecken)

Reine Fahrzeit 4 Std.

Streckenprofil Gut befahrbare Asphaltstraßen. Die Bergstraße auf Hvar ist recht eng und kurvig, teils mäßig steil, aber dennoch in etwa einer Stunde zu schaffen. Die letzten Abschnitte einiger Zufahrten zu den Stränden im Süden von Hvar führen über Schotterpisten.

Empfohlene Dauer 7 Tage

Anschlusstouren

C E

FACTS

Tour D im Überblick

Tour-Highlights

In *Šibeniks Altstadt* zur *St.-Michaels-Festung* hinaufklettern ▶ **S. 99**

Reinsten Wasserfallzauber im *Krka-Park* fotografieren ▶ **S. 99**

In *Split* unter Palmen an der Riva flanieren ▶ **S. 103**

Zwischen Lavendelfeldern durch *Hvars Berge* cruisen ▶ **S. 107**

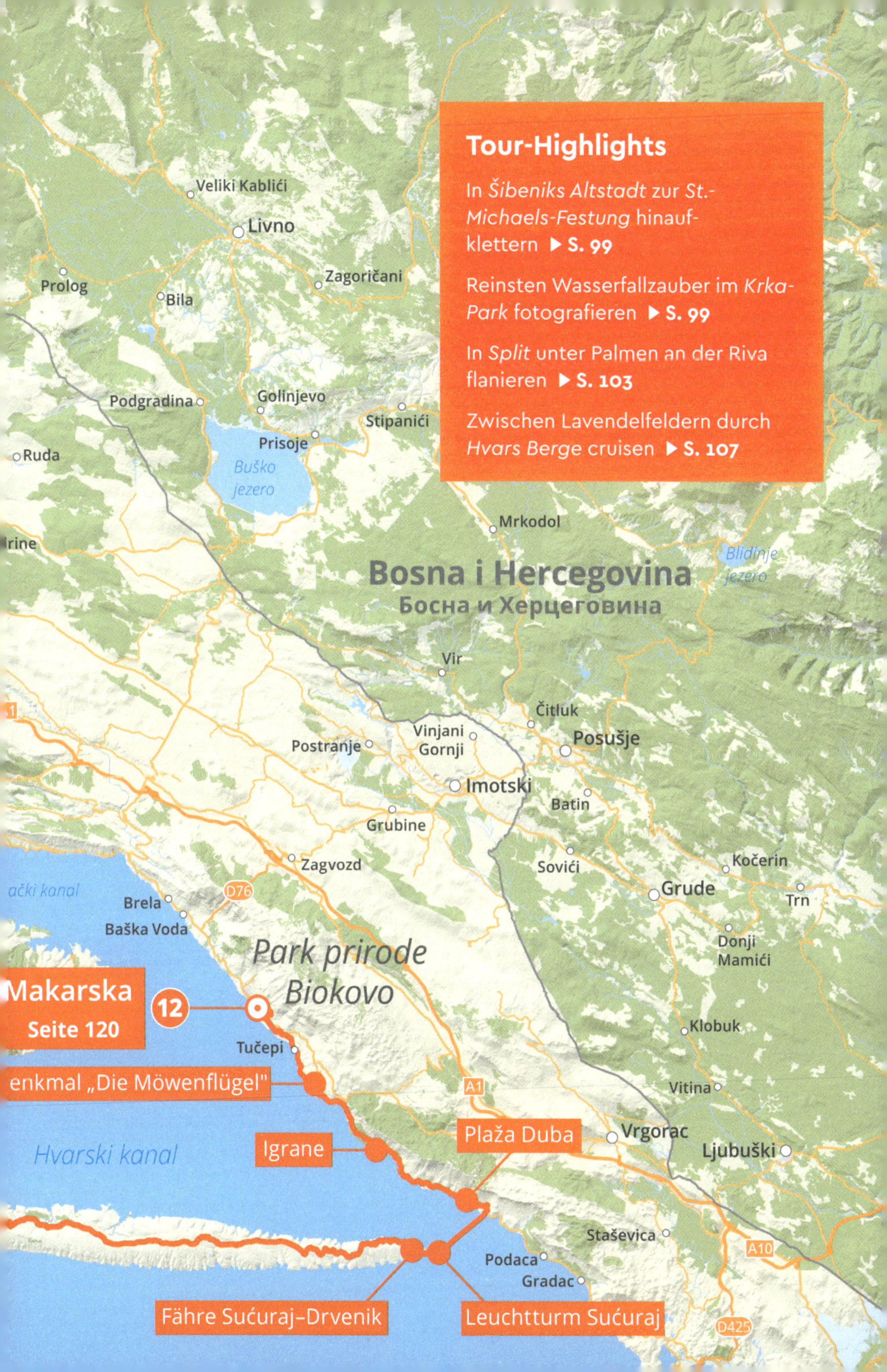

D Tourenverlauf

LOS GEHT'S!

Start & Spot 9

Šibenik mit Krka-Nationalpark
Uralter Stadtcharme und Landschaftszauber ▶ **S. 98**

30 km

Aus Šibenik heraus nehmt ihr die Straße 8 nach Süden, die immer am zerklüfteten Adria-Ufer entlangführt. Wie schön, dass das Meer über Jahrhunderte hier so launisch und kreativ war, massenhaft Buchten, Landvorsprünge, Inseln und Halbinseln in allen Formen und Größen an die Küste zu streuen. So wird einem nicht langweilig, bis schließlich der nächste größere Ort erreicht ist.

Primošten

Gewissermaßen auch ein Eiland, denn die Altstadt verteilt sich auf eine winzige Beinahe-Insel (früher war's sogar mal eine). Während das moderne Primošten außen vor liegt, geht's durchs Stadttor (Auto draußen lassen) in den historischen Teil mit seinen herrlichen Gässchen, einige davon durchaus steil. Feierlicher Abschluss oben mit Blick über den Rest der Stadt und das Wasser ist natürlich eine Kirche, in diesem Fall **St. Georg.** Bleibt noch der Rundweg mehr oder weniger direkt am Wasser entlang mit dem kleinen, aber toll gelegenen **Kieselstrand Rosi** auf der einen und dem alten **Yachthafen** (Stara riva) auf der anderen Seite. Wenn euch die (Sonnen-)Badelust gepackt hat, liegt in der Nähe auf dem eigentlichen Festland auch der deutlich größere **Velika-Raduča-Strand.**

i *Crkva sv. Jura (St.-Georgs-Kirche): Strma 7, Primošten; Plaža Velika Raduča: Raduča ul., GPS 43.590366, 15.921159, Primošten*

Konoba Dvor
Diese traditionelle Gaststätte, mitten auf der historischen Altstadtinsel, ist schick und zugleich gemütlich eingerichtet, nicht günstig, aber auch nicht überteuert. Es wird mit frischen, regionalen Zutaten gekocht, das Brot wird selbst gebacken, der bestens bezahlbare Hauswein schmeckt einwandfrei. Wenn du Muscheln magst, solltest du hier auf jeden Fall zuschlagen.

i *tgl. 12–15, 18–23 Uhr | ul. Put Briga 31, Primošten | Tel. +385 92 163 86 72 | €€*

Caffe Cocktail Bar Camel
Darf's etwas ungezwungener sein? Bitte schön: In dieser Café-Bar direkt am Wasser des Yachthafens sind die Cocktails und Drinks aller Art groß-

artig, mit Vorliebe in stimmungsvoller Abendathmosphäre zu genießen. Aber auch für den Kaffee zwischendurch landet ihr hier völlig richtig.

i tgl. bis 1 Uhr | Riva Žrtava Dvanjke 1, Primošten | €–€€

3 km Aus Primošten geht's weiter auf der Straße 8, aber nur wenige Minuten, denn es folgt gleich das nächste Highlight.

Madonna von Loreto

Gleich hinter der Stadtgrenze biegt eine kleine Straße nach rechts ab, an der ein braunes Straßenschild auf die „Gospe od Loreta" hinweist. Wer hier nicht abzweigt, dem ist nicht zu helfen, denn oben erwartet euch einer der großartigsten Aussichtspunkte Kroatiens. Ihr werdet es kaum glauben, nachdem ihr die schmale und steile, aber nur gut 1 km lange und passabel befahrbare Straße hinaufgeschaukelt seid, dass euch oben eine wunderschöne, von Mäuerchen gesäumte Plattform erwartet. Und um der Überraschung über den unerwarteten Ausbau noch die Krone aufzusetzen, gibt's oben sogar eine ordentliche Bar mit Kaffee und sonstigen Getränken. Zumindest Beifahrer können hier, auf dem Barhocker sitzend und mit einem Gläschen Wein oder Prosecco

LIKE A PRAYER

Die Aussicht bei der Madonna von Loreto macht den Kopf frei.

TOOOOR!

Das kleine Trogir ist einer der Volltreffer an der Adria.

in der Hand, auf Primošten und den gesamten Küstenabschnitt anstoßen, der sich weit, weit unten ausstreckt. Vor euch ragt die moderne Riesenstatue der Schwarzen Madonna von Loreto in den Himmel – ein weiteres beeindruckendes Motiv.

GPS 43.571887, 15.927806

Wenn man darauf achtet, die Plattform aus dem Bild zu halten, wirken die Fotos von hier oben wie aus einem Flugzeug geknipst.

34 km Den Berg runter geht es zurück zur Straße 8 und nach rechts weiter Richtung Südosten, teils direkt am Wasser mit tollen Blicken, teils ein wenig vom Ufer entfernt. Schließlich überquert ihr die Stadtgrenze von Trogir.

Trogir

Und da ist sie auch schon: Nach Šibenik und Primošten die dritte bezaubernde Altstadt in Folge – und sie ist ein wahrer Knaller. Trogirs Herz liegt auf einer echten Insel, ihr geht also über eine kleine Brücke und dann durchs alte Stadttor ins historische Ensemble hinein. Damit keine Verwechslungsgefahr mit anderen Old Towns besteht, besitzt Trogir im innersten Zentrum ausnahmsweise mal fast ebenerdige Gässchen, aber nicht weniger charmant. So viele Quadratmeter sind hier gar nicht abzulaufen, aber dennoch lässt man sich gern von Straße zu Straße treiben, ohne allzu sehr auf Uhr oder Stadtplan zu achten. Am Südende des Areals verläuft die Promenade namens **Riva** – ganz wie ihre große, gleichnamige Schwester in Split höchst elegant von hübschen Lokalen und vielen Palmen gesäumt, neben dennen schicke Boote festmachen. Als Bonus gibt's noch die **Festung Kamerlengo** am Ende der Promenade, die sich besonders am Abend mit romantischer Beleuchtung ausnehmend attraktiv präsentiert. Rund um das Gelände der Festung findet ihr einige der schönsten Fotomotive dieses herausragenden Städtchens. Von der Altstadtinsel führt eine weitere Brücke auf die schon deutlich massigere Insel **Okrug Gornji** mit Stränden und dem fürs nahe Split gut geeigneten **Kamp Rožac** (▶ S. 105).

i Kaštel Kamerlengo: tgl. 9–20 Uhr | 5 € | Obala bana Berislavića, Trogir

Insider-Tipp
Fahrt ins Blaue

*Am Kai neben der Burg bewerben diverse Anbieter ihre Bootsausflüge. Der Hit ist die Tour zur wahnsinnig schönen Blauen Lagune vor der Insel **Drvenik Veli,** die an sich schon ein Traumziel darstellt.*

Kristian Pizza

Dieses Restaurant liegt an einer der größeren Straßen der Altstadt. Allerdings wirst du vom Vordereingang nur schnell durchs Lokal geschleust und auf den Hinterhof gebracht, der wiederum an einer kleinen, namenlosen Gasse liegt und ein paar weitere Lokale beherbergt. Dadurch entsteht besonders abends eine wunderbar bunte Gasthofatmosphäre mit Stimmengewirr, viel Gelächter und angenehmer Musik. Die Bedienung ist flott und freundlich. Probiert auf jeden Fall eine der Speisen aus hausgemachter Pasta. Jede Wahl ist ein Volltreffer, genau wie die exzellente Pizza. Dazu ein großes Bier vom Fass und du wirst nicht nur satt, sondern auch glücklich wieder aufstehen für ein letztes Schlendern durch die Altstadt vorm Schlafengehen.

i tgl. 12–23 Uhr | ul. Blaženog Augustina Kažotića 9, Trogir | Tel. +385 21 88 51 72 | €–€€

Caffe Bar Bella

Geschmäcker sind verschieden, aber die meisten sind sich in einem einig: Bei Bella in Trogir gibt's das beste Eis, selbstverständlich hausgemacht. Die Auswahl ist groß und kreativ, das Aroma wirklich einzigartig gut. Hier lohnt sich's gleich am Anfang des Altstadtbummels hinzukommen, damit man vorm Verlassen von Trogir gleich noch einmal nachbestellen kann! Der Kaffee ist hier übrigens auch lecker, alles zusammen könnt ihr dann auf den Parkbänken in der Grünfläche zum Wasser hin gleich um die Ecke vom Lokal verspeisen.

i tgl. | ul. Blaža Jurjeva Trogiranina 5, Trogir | €–€€

Jet Ski Safari Trogir
Ist nach so vielen Tagen an der Adria auch für dich endlich die Zeit gekommen für eine Runde Wasserski oder Jetski? Wenn ja, dann ist Trogir der richtige Ort für deine kroatische Jungfernfahrt. Der Anbieter bringt viel Erfahrung und Professionalität mit.

i 160–170 €/2 Std. | ACI marina Trogir, Put Cumbrijana 16, Trogir | Tel. +385 98 79 97 04 | jetskisafaritrogir.eu

Insider-Tipp

Geteilte Freud' kleinerer Preis

*Tut euch zusammen! Denn wenn ihr euch einen **Jetski zu zweit** teilt, könnt ihr deutlich sparen: Pro Person kostet die 2-stündige Tour dann nur noch 110–120 € statt 160–170 €.*

28 km Noch einmal wählt ihr die Straße 8, vorbei am Flughafen Split sowie an einigen Küstenfestungen, bis auch schon Split erreicht ist. Am besten steuert ihr direkt den großen Parkplatz P2 in Hafennähe an (▶ S. 102).

Spot 10

Split
Römische Monumente und ein Mega-Wald ▶ **S. 102**

Fähre Split–Stari Grad (Hvar)

Mitten aus dem Hafen im Zentrum von Split legen große bis sehr große Fähren in die verschiedensten Richtungen ab, sogar ins Ausland. Damit ihr nicht zufällig auf einem Schiff nach Italien landet, schaut euch vorher einmal in Ruhe die Einfahrten zu den verschiedenen Fähranlegern an. Fahrkarten nach Hvar kann man im Voraus online oder an den Buden im Hafen kaufen. Ihr landet auf Hvar im hübschen Örtchen Stari Grad, dessen Fährhafen ganz in der Nähe des kleinen Ortszentrums liegt.

In der Saison meist 7 x tgl., Fahrzeit etwa 2 Std. (47 km) | Erwachsene ca. 8,40 €, Wohnmobil unter 5 m Länge 86,10 €, Wohnmobil 5–7 m 81 €, über 7 m 131,10 € | jadrolinija.hr

Spot 11

Insel Hvar

Wo der Lavendel blüht ▶ **S. 106**

60 km

Nachdem ihr die Insel Hvar einmal komplett von links nach rechts durchquert habt – in der schmalen östlichen Hälfte gibt's außer wilder, felsiger, wunderbarer Natur nicht viel zu besichtigen –, geht's vom Hafenörtchen **Sućuraj** per Fähre zurück aufs Festland.

Leuchtturm Sućuraj

Wenn ihr etwas Zeit mitbringt, gibt es noch ein kleines Abschiedsgeschenk, keine 20 Minuten Fußweg vom Fährhafen entfernt. Immer am Wasser entlang führt ein Weg an einer kleinen Festung vorbei zum äußersten Ostzipfel dieser schönen Insel. Dort steht der Leuchtturm Sućuraj. Der ist allerdings in Privathand und kann leider nicht besichtigt werden (drinnen gibt's Ferienwohnungen zu mieten).

GPS 43.124886, 17.196719 | lighthouse-sucuraj.com

ROLLPLATZ

Auch in der recht großen Stadt Split bist du per Womo entspannt unterwegs.

WEGWEISER

Der Sućuraj-Leuchtturm auf Hvar setzt Benchmarks für Toplagen.

Beim Spaziergang zum Leuchtturm genießt ihr wunderbare Blicke auf die südliche Makarska-Riviera mit immer wieder überraschend romantischen Motiven.

Fähre Sućuraj–Drvenik

Die Fähre von Hvars östlichem Ende zum kroatischen Festland verkehrt von frühmorgens bis spätabends.

Im Sommer 11 x tgl., Fahrzeit ca. 35 Min. (7 km) | Erwachsene 4,10 €, Womo unter 5 m 27,90 €, bis 7 m 37,10 €, über 7 m 47,10 € | jadrolinija.hr

2 km Aus dem kleinen Dorf Drvenik folgt ihr der einzigen Möglichkeit hinaus auf die Küstenstraße 8 und dann ab nach links mit dem ausgeschilderten Ziel Makarska.

Plaža Duba

Man würde es gar nicht denken, aber kurz hinter Drvenik versteckt sich in einer kleinen Bucht gleich unter der Adria-Hauptstraße ein sehr idyllischer Strand. Natürlich ist es ein Kieselstrand, aber nicht so überfüllt wie manch andere Stelle bei Makarska und zudem mit einem ausreichend großen Parkplatz ausgestattet.

2 km | Vorbei an weiteren netten Stränden führt die Straße 8 nach Igrane.

Igrane

Macht einen kurzen Zwischenstopp in diesem ruhigen, aber sympathischen Fischerörtchen. An der **Strandpromenade** unten am Wasser versammeln sich ein paar Restaurants und Cafés. Schön ist auch auf der anderen Seite des Dortes der **Igrane Viewpoint Sea,** unter Bäumen mit herrlichen Blicken aufs Meer. Und beim Hinein- oder Herausfahren nehmt ihr – schon nahe der großen Küstenstraße – den Zalina kula mit, den venezianischen **Turm von Zale** aus dem 17. Jh., der stolz über Dorf und Meer wacht. Auch von hier ist das Adria-Panorama unwiderstehlich.

12 km | Ihr folgt der Straße 8 weiter auf Makarska zu.

Denkmal „Die Möwenflügel"

Eine Kuriosität erwartet euch noch vor Makarska: ein 32 m hohes Betonmonument oberhalb des Dorfes **Podgora.** Wenn euch ein paar enge Kurven nicht schrecken, biegt in Podgora ab, fahrt bis kurz vor Gornja Podgora und dann (ausgeschildert) zum Denkmal. Seit 1962 ist es hier dem Gedenken an die Soldaten gewidmet, welche im Zweiten Weltkrieg die kroatische Küste verteidigten. Die Form des Kunstwerks ist wirklich etwas Besonderes und vor allem tut sich auch hier wieder ein unfassbar schöner Blick in Richtung blaue Unendlichkeit auf.

i *Galebovo krilo: GPS 43.245804, 17.070729 (ca. 4 km von Podgora)*

Insider-Tipp
Perfektes Cardio-Workout

*Das Denkmal lässt sich vom Ort Podgora auch auf einem steilen, ca. 20-minütigen **Fußmarsch** erklimmen – auf die Ausschilderung achten! Runterwandern müsst ihr natürlich auch noch.*

14 km | Jetzt geht's auf dem gleichen Weg zurück auf die Straße 8 und dann hinein nach Makarska.

Ziel & Spot 12

Makarska
Die dalmatinische Strandmetropole ▶ **S. 120**

Optionaler Anschluss: Tour E

Spot 9

Šibenik mit Krka-Nationalpark
Uralter Stadtcharme und Landschaftszauber

Und schon wieder tut ihr viel für eure Kondition und Muskulatur! Aber jedes Mal werdet ihr für das Hecheln und die leicht schmerzenden Beine sofort entschädigt: zuerst in der steilen, aber unbestreitbar attraktiven Altstadt von Šibenik, wenn ihr die alte Burg mit Blick auf Ziegeldächer und Adria erklimmt. Dann auf langen Stegen und Wegen, vorbei an fantastischen Wasserfällen im Krka-Nationalpark. Erst schnaufen, dann verschnaufen in einzigartiger Natur!

P *Im zentrumsnahen Parkhaus Javna garaža Poljana (GPS 43.734788, 15.893338) ist die Durchfahrtshöhe auf 2,30 m begrenzt. Für Größere gibt´s noch das ebenfalls zentrale Gradski Parking Sibenik (GPS 43.738040, 15.890685).*

VON FALL ZU FALL

„Wasser Marsch" heißt es im Krka-Nationalpark rund ums Jahr.

AKTIVITÄTEN & SIGHTSEEING

1 Mit Vergnügen durchs Labyrinth der Altstadt irren

Verlauft euch ruhig mal in den schmalen, steilen Steinstraßen. Irgendwann kommt ihr an der **Jakobs-Kathedrale** heraus, einem stattlichen Renaissance Bauwerk, im 15. Jh. hingeklotzt. Toll auch das Alte Rathaus nebenan. ***Infos:*** *Katedrala svetog Jakova: tgl. 9.30–19.30 Uhr | 5 € | Trg Republike Hrvatske 1, Šibenik*

2 Von der Burg wie ein Feldherr auf Stadt und Meer starren

Vorbei am mediterranen Klostergarten des Hl. Laurentius (öffentlich zugänglich, nicht nur für Restaurantgäste) geht's über eine Steintreppe hinauf zur mittelalterlichen **St.-Michaels-Festung** mitsamt Ausstellungsräumen. Auf der Open-Air-Bühne im Amphitheater-Stil werden u. a. Konzerte veranstaltet. ***Infos:*** *Tvrđava sv. Mihovila: tgl. 9–21 Uhr | 11,50 € | Zagrađe 21, Šibenik | tvrdjava-kulture.hr*

3 Im Krka-Nationalpark übers Wasser gehen

Auf Brücken und Stegen geht's über Flüsse und Seen, vorbei an Stromschnellen, sanften und reißenden Wasserfällen und einer alten Wassermühle. Aussichts- und wunderbare Fotopunkte en masse. Dabei müsst ihr gar nicht so viel laufen und die frische Luft tut einfach gut. ***Infos:*** *tgl. Juni–Aug. 8–20 Uhr, sonst kürzer | Juni–Sept. 40 €, sonst 7–20 € | GPS 43.817001, 15.923340, Lozovac, (13 km vom Stadtzentrum) | np-krka.hr*

Insider-Tipp
Auf dem Holzweg

Beim Spaziergang vom Festland per Steg und Damm über die ***Insel Školjić*** *zur Festung hat man einen tollen Blick auf das Bollwerk, allerdings kommt man so nicht hinein (ca. 600 m vom St.-Nikolaus-Strand, GPS 43.719654, 15.860563).*

4 Rüberschippern zur Festunginsel St. Nikolas

Die Festung Tvrđava sv. Nikole aus dem 16. Jh. liegt auf einer kleinen Insel im grünen Naturschutzgebiet vor Šibenik. Betreten und besichtigen könnt ihr sie nur auf einem Bootsausflug. ***Infos:*** *Wechselnde Abfahrtszeiten 2–4 x tgl., Dauer ca. 2 Std. | Juni–Sept. 21 €, sonst 15 € (inkl. Bootsfahrt u. Video-Guide) | Obala dr. Franje Tuđmana 4, Šibenik | kanal-svetog-ante.com, auch private Touranbieter z. B. cheaptaxiboat.com*

REGENTAG – UND NUN?

5 In der Rak Winery unterirdisch genießen

Wo ist es dir völlig wurscht, wie sich draußen das Wetter präsentiert? Genau: in einem schönen Keller, in dem es viele erstklassige Weine und dazu noch etwas Leckeres zu essen gibt! ***Infos:*** *Mo–Sa 11–19 Uhr | Führungen nur nach Voranmeldung | Rakovo Selo 98, Dubrava kod Šibenika (ca. 6 km vom Stadtzentrum) | Tel. +385 99 7 24 15 68 | vina-rak.hr*

ESSEN & TRINKEN

6 Konoba Providenca

Nahe dem Eingang zur St. Michaels-Festung sitzt ihr hier mehr als gemütlich. Klar ist es an so einem Ort auch touristisch, aber die Atmosphäre ist völlig authentisch. Speisen aus der Region, lokale Zutaten, sehr leckere Weine. Besonders gut schmecken hier Fleisch und Fisch vom Holzkohlegrill. Das Personal erklärt das an Slow Food erinnernde Konzept des Lokals. ***Infos:*** *tgl. | Martina Kolunića, Ul. pod tvrđavom 17, Šibenik | Tel. +385 91 540 59 87 | konoba-providenca.hr | €€*

7 Fry Guy

Nicht immer reicht die Zeit, die Lust, die Urlaubskasse oder einfach der Hunger für ein klassisches Mittag- oder Abendessen mit allem Drum und Dran. Stattdessen muss ein guter Imbiss her. Fast Food mit Qualität. Genau das findet ihr hier: Ob Fish & Chips, ob Calamari oder ein Burger – es dauert nicht lange, kostet nicht viel und ist trotzdem lecker. ***Infos:*** *tgl. | ul. kralja Tomislava 18, Šibenik | €*

8 Azimut

Diese kleine Bar am Rande der Altstadt mit schönem Blick auf Promenade und Wasser ist die perfekte Adresse für eine Kaffeepause. Abends wird das Lokal dann zur einladenden Cocktailbar, natürlich auch mit guten Weinen und Bieren. Bis in die späten Stunden wird hier entspannt-ausgelassen gefeiert. ***Infos:*** *tgl. bis 24 Uhr | Obala palih omladinaca 2, Šibenik | azimut.art | €–€€*

EINKAUFEN

9 Duck Boutique

Ein bisschen bekloppt vielleicht, aber auch witzig: ein ganzer Geschenke- und Andenkenladen voller Enten – in allen erdenklichen Formen und Ausführungen. Da hatte jemand eine Idee und

PFLANZENKÜCHE

Ein Balkan-Highlight für Vegetarier: gegrillte Auberginen mit Paprika.

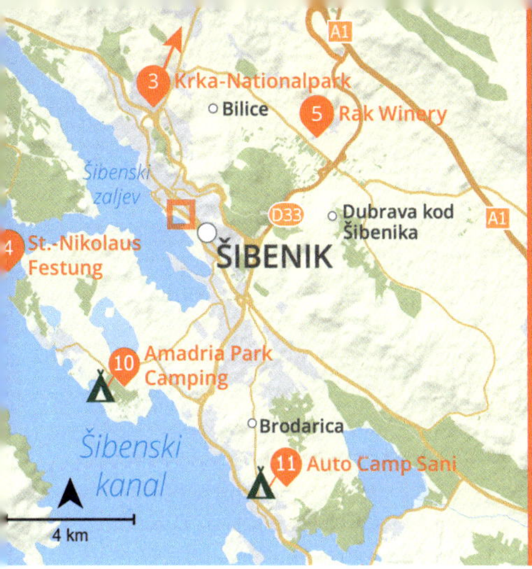

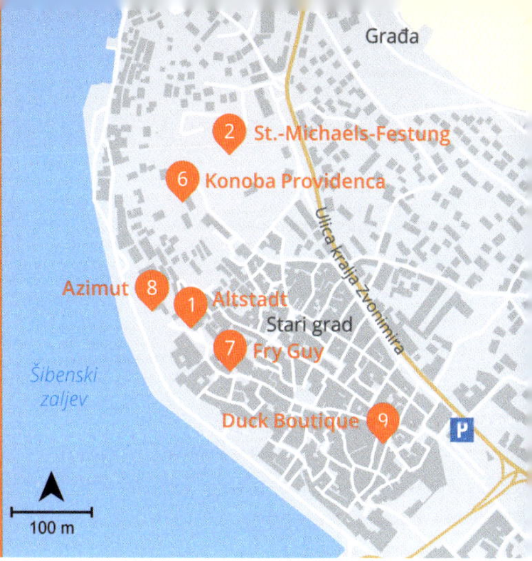

setzt sie konsequent um. Keine Schleuderpreise, aber definitiv das etwas andere Mitbringsel. ***Infos:*** *Mo–Sa | Zagrebačka ul. 5, Šibenik*

STELL- & CAMPINGPLÄTZE

10 Allround-Camping am Meer

Ruhe und Einsamkeit gibt´s woanders, hier könnt ihr dafür mal so richtig das All-Inclusive-Gefühl ausleben. Es handelt sich nämlich nicht um einen bloßen Campingplatz, sondern um ein regelrechtes Resort mit vielen Bungalows und Apartments auf dem Gelände. Professionell geführt, sauber, modern und voll ausgestattet. Doch die Swimming Pools sind nur eine Ergänzung, denn der Adria-Strand liegt ebenfalls direkt vor der Tür. Dennoch ist Šibenik in Nullkommanichts erreicht.

Amadria Park Camping

€€€ | Hoteli Solaris 86, Šibenik (7 km vom Zentrum) | Tel. +385 22 36 40 00 | amadriapark camping.com/de/sibenik | GPS 43.698792, 15.878144

▶ **Größe:** *307 Stellplätze, 271 Mietunterkünfte*

▶ **Ausstattung:** *Spielplatz, Kinderbetreuung, Restaurant, Imbiss, WLAN, Schließfächer, Waschmaschinen, Trockner, Pool, Wellness, Fahrradverleih, Fitness, Minigolf, Bootsverleih, Tauchen, Beachvolleyball*

11 Die familiär-freundliche Alternative

Das genaue Gegenstück zum oben erwähnten Amadria Park Camping: Bei diesem Mini-Platz ist alles ganz übersichtlich. Was aber überhaupt kein Nachteil sein muss, sofern du noch einen Platz ergatterst. Die Lage am Meer ist genauso toll, die persönliche Betreuung durch die Besitzer super sympathisch (sie geben Ausflugstipps oder servieren auch schon mal ein Schnäpschen), die wenigen Stellplätze schön geräumig und teils überdacht. Alles hat eine freundliche und erholsame Ausstrahlung. Zum Strand sind es 5 Min. zu Fuß.

Auto Camp Sani

€ | Put Gomljanika 38, Šibenik-Brodarica | Tel. +385 91 555 84 04 | romeo.baraka@si.t-com.hr GPS 43.682015, 15.917620

▶ **Größe:** *15 Stellplätze*

▶ **Ausstattung:** *Kühlschrank und Kühltruhe für die Gäste*

Spot 10

Split
Römische Monumente und ein Mega-Wald

In einer quirligen Großstadt wie Split würde man gar nicht eine solch tolle Altstadt mit verwinkelten Gassen und jahrtausendealtem Charme erwarten. Ihr lauft ein wenig herum, landet in irgendwelchen Hinterhöfen und schon sind die meisten anderen Touristen wie weggeblasen, bevor sie dann bei der nächstgrößeren Straße wieder auftauchen. Unvergleichlich: der riesige antike Römerpalast, die ultrabreite und elegante Seepromenade Riva sowie der gigantische, urwüchsige Wald auf einer Halbinsel nur wenige Autominuten abseits des bunten Treibens.

P *Gleich gegenüber dem Hafen, aus dem die großen Fähren abfahren, liegt hinter dem Busbahnhof zwischen Straße und Bahnlinie der recht günstige und große Parkplatz P2 (Obala Kneza Domagoja 12), in müheloser Spazierweite zum Zentrum.*

AUF DIE PLÄTZE

Der Voćni Trg kann locker mithalten beim Wettbewerb um die schönsten Altstadtecken in Split.

AKTIVITÄTEN & SIGHTSEEING

1 Hinter römischen Ruinen die Altstadt entdecken

Startet beim riesigen Bauwerk, das ursprünglich nichts weniger war als der Alterssitz eines römischen Kaisers und als Unterkunft für ganze Militärgarnisonen diente: der **Diokletianpalast.** Diese bestens erhaltene Ruine aus dem 4. Jh. nimmt mitten in Split ein Areal von 30 000 m² in Anspruch. Spaziert zum Goldenen Tor, einem der Eingänge in den Palast, zum Milesipalast, zum Jupitertempel – und weiter durch die eher flachen Straßen und Gassen der Fußgängerzone: sehr betriebsam, sehr lebhaft, sehr beeindruckend! ***Infos:*** *Dioklecijanova palača: Eintritt frei | Dioklecijanova ul. 1, Split | diocletianspalace.org*

2 Gehen und gesehen werden auf der Riva-Promenade

Gleich am Rande der beeindruckenden Altstadt trefft ihr am Hafen auf eine Promenade, aber nicht irgendeine, sondern DIE Riva von Split. Eigentlich sind es drei Boulevards in einem, denn innen reiht sich Lokal an Lokal – alle sehr hübsch, in der Mitte verläuft ein palmengesäumter Grünstreifen mit vielen Parkbänken und zur Wasserseite hin flaniert ihr direkt an schicken Booten entlang.

3 Tief durchatmen im Wald

Der **Waldpark Marjan** bietet Kilometer um Kilometer an Spazier- und Wanderwegen, Laufstrecken, Botanischem Garten und Aussichtspunkten. Der wohl schönste Weg ist der zentrale **Vrh Marjana–Telegrin,** nicht ganz ohne, aber für Fußfaule geht's auch mit der Bimmelbahn hinauf. Die Aussicht wird euch für alle Strapazen entschädigen! ***Infos:*** *GPS 43.508659, 16.419273 | visitmarjan.com | Tourist Train: 15 € | viking-split.com (auch Tuk-Tuk-Touren in der Stadt)*

4 Am Obojena Beach die Füße hochlegen

Ein wirklich guter Strand, der wohl beste der Stadt. Mit Duschen und Umkleidekabinen. Das Wasser ist so herrlich klar, der feinkieselige, fast schon sandige Strand recht breit und die Parkplätze ausreichend und kostenlos. ***Infos:*** *Šetalište Ivana Meštrovića, Split | GPS 43.50392, 16.41647*

REGENTAG – UND NUN?

5 Das Kastell Dvorac Vitturi besichtigen

Das Schloss im Nachbarort ist besonders spannend, weil ihr drinnen eine kleine, aber feine Ausstellung besuchen könnt. Neben naturkundlichen Stücken zeigt das **Stadtmuseum von Kaštela** hier Gemälde, Schiffsmodelle und mehr. Aber schon für den Renaissancepalast selbst und den Adriablick lohnt sich die Anreise. ***Infos:*** *Muzej grada Kaštela Dvorac Vitturi: Juni–Sept. Mo–Sa 9–20, So 9–13 Uhr, sonst kürzer u. So geschl. | 3 € | Brce ul. 1, Kaštel Lukšić (19 km von Split-Zentrum) | muzej-grada-kastela.hr*

ESSEN & TRINKEN

6 Feel Green

Im Lokal am Rande der Altstadt wird alles, was den kreativen Küchenköpfen so in den Sinn kommt, von Hand zubereitet. Die Betonung liegt auf gesundem Essen, umweltfreundlichem Verhalten (Recycling-Materialien) und einem breiten Angebot für Vegetarier und Veganer. ***Infos:*** *tgl. | ul. ban Mladenova 3, Split | Tel. +385 951 96 33 06 | feelgreen.hr | €€*

Insider-Tipp

Scharf geschossen

Wenn ihr die Zunge dafür habt, probiert den ***Spicy Burger*** *– am besten mit einem Bier.*

7 Fig Split

Auf dem Gelände des gewaltigen Diokletianpalastes sitzt und isst es sich bestens. Das Restaurant wird in einem schicken Haus betrieben, dass sich Palastmitarbeiter einst dort hinstellten. Dabei ist das Essen trotz Lage auf einem Filet-Grundstück nicht zu teuer. Lecker: Hummus mit selbst gemachtem Fladenbrot. Auch für ein stilvolles Frühstück geeignet. ***Infos:*** *tgl. | Dioklecijanova ul. 1, Split | Tel. +385 21 24 73 99 | €€*

8 D 16 Coffee

Tolle Koffeinspritze für Kaffeeliebhaber mitten in der Altstadt. Hier gibt's *medium roast*, also eine Stärke, auf die sich eigentlich alle einigen können. Dazu faire Preise und nette Stimmung. Auch zum Frühstücken empfehlenswert, denn geöffnet ist ab 7 Uhr. ***Infos:*** *tgl. | Dominisova ul. 16, Split | Tel. +385 917 90 07 05 | d16coffee.com | €–€€*

EINKAUFEN

9 Green Market – Pazar

Dieser zentrale Bauernmarkt unter freiem Himmel grenzt an die Ostmauer des Diokletianpalastes, der Fokus liegt hier auf Obst, Gemüse, Käse und Fleisch-

DER MAGEN DER STADT

Die Liebe zu Split wächst auch mit jedem Besuch auf dem Green Market.

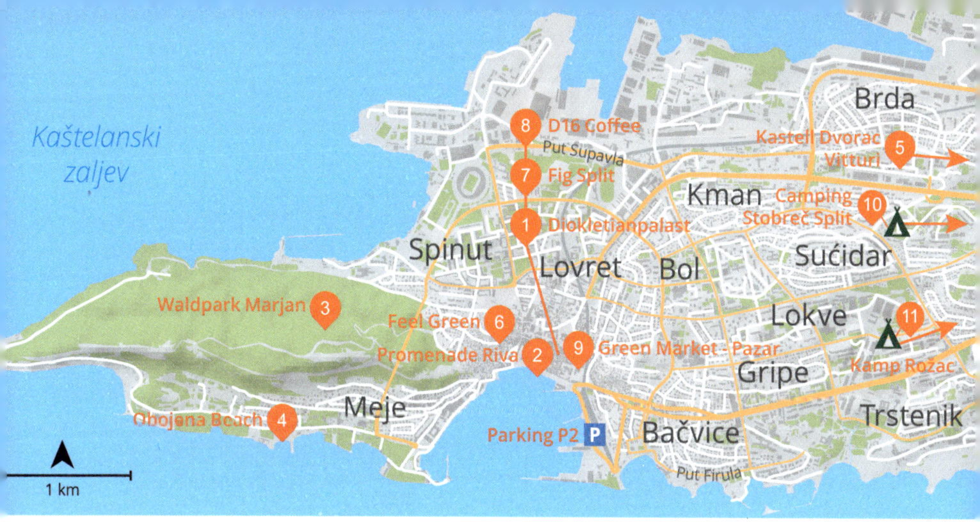

produkten. Ruhig ein wenig verhandeln, wenn's euch zu teuer vorkommt, denn natürlich will man die Touristen nicht zu billig davonkommen lassen. ***Infos:*** *tgl. 6–14 Uhr | ul. Stari Pazar 8, Split*

STELL- & CAMPINGPLÄTZE

10 Stadtcamping mit Öko-Qualitäten

Dieser mittelgroße Platz könnte zumindest in der Hauptsaison ein bisschen mehr Raum vertragen: Das heißt, es kann voll werden, weswegen eine Platzreservierung zur Sicherheit empfehlenswert ist. Trotzdem kann die Anlage sich sehen lassen. Die Stellplätze selbst sind geräumig, der hübsche Kieselstrand gehört direkt zum Areal und die Pools bieten eine gute Alternative. Man bemüht sich um Nachhaltigkeit und wurde dafür von der Vereinigung Ecocamping ausgezeichnet.

Camping Stobreč Split

€€–€€€ | Put Svetog Lovre 6, Stobreč (ca. 8 km vom Stadtzentrum) | Tel. +385 21 32 54 26 | campingsplit.com | GPS 43.504024, 16.526358

▶ **Größe:** *260 Stellplätze, 55 Mietunterkünfte*
▶ **Ausstattung:** *Spielplatz, Kinderbetreuung, Restaurant, Laden, WLAN, Freibad, Sauna, Whirlpool, Fahrradverleih, Beachvolleyball, Sportplatz, Bootsverleih, Fitnessraum*

11 Insel, Strand und Taxiboot

Auf der kleinen Insel Okrug Donji, von der Adriastraße bequem per Brücke angebunden, übernachtet sich's besonders gut. Ein zusätzliches Plus ist die Lage gleich unterhalb der schönen Stadt Trogir (▶ S. 93), die ihr von hier bestens erkunden könnt – zu erreichen ist sie vom Campingplatz zu Fuß oder per Taxiboot (4–5 €). Der mittelgroße Platz liegt direkt am Wasser samt Kiesstrand und hat alles, was man so braucht. Vor- oder Nachteil je nach Geschmack: Viele Stellplätze sind nicht parzelliert.

Kamp Rožac

€–€€ | Šetalište Stjepana Radića 56, Okrug Gornji (32 km von Split) | Tel. +385 21 80 61 05 | camp-rozac.hr | GPS 43.505190, 16.258148

▶ **Größe:** *120 Stellplätze, 29 Mietunterkünfte*
▶ **Ausstattung:** *Spielplatz, Kinderbetreuung, Restaurant, WLAN, Bootssteg, Tauchschule, Kiosk, Waschmaschinen, Trockner, Hundedusche*

Spot 11

Insel Hvar
Wo der Lavendel blüht

Ganz schön lang zieht sich dieses Inselchen, allerdings spielt sich nur im westlichen Drittel wirklich etwas ab – dafür dann aber so richtig: Buchten, Strände, Festungen, Weine, dazu süße Alt- und Hafenstädtchen – wie Hvar-Stadt und Stari Grad. Und dann ist da natürlich noch der ganze Stolz und eine wichtige Einkommensquelle der Einheimischen: der Lavendel. Die riesigen Felder bilden besonders von der Bergstrecke aus einen faszinierenden Blickfang, aber witzig sind auch die kleinen Lavendelgärtchen hinterm Haus, angepflanzt wie bei uns Radieschen oder Rhabarber.

P *Hvar City Centar Parking 1 (GPS 43.173146, 16.445041, Hvar-Stadt): sehr zentrumsnah, recht günstig, unter freiem Himmel. Auch ansonsten gibt es ausreichend Parkplätze.*

DIE WELT IN LILA

Der Lavendelanbau auf Hvar ist noch keine hundert Jahre alt – aber nicht mehr wegzudenken.

AKTIVITÄTEN & SIGHTSEEING

1 Von Hvars Altstadt zur Festung hinaufsteigen

Das kennt ihr wahrscheinlich schon: Der Hauptort heißt wie die Insel und hat eine wunderschöne Altstadt. Und doch ist's hier ein bisschen anders, denn von der Hafenpromenade am Wasser mit Dutzenden Lokalen geht's direkt steil hoch, sodass sich unten keine Autos durch die Straßen quetschen. Stattdessen flanierst du endlos am Wasser entlang, denn die Promenade führt immer weiter bis zu den Stränden, erst Hula Hula Beach und dann der noch bessere Majerovica Beach. Und gut erholt macht ihr euch dann auf den steilen Spazierweg die Treppen hinauf zur **Spanischen Festung,** vorbei an alten Stadttoren mit Wahnsinnsblick auf Stadt und Meer. ***Infos:*** *Tvrđava Fortica: tgl. 9–21 Uhr | 10 € | auch per Auto zu erreichen, GPS 43.175149, 16.441430*

2 Zu den Pakleni-Inseln paddeln

Vom Križna-Luka-Strand beim Ort Hvar geht's per **Seekajak** auf 4-stündige Tour begleitet von den Profis von **Hvar Life.** Kräftige Arme braucht ihr aber trotzdem selber. ***Infos:*** *Ab 60 €/Pers. | GPS 43.166800, 16.445218, Krizna luka | Tel. +385 95 556 55 67 | hvar.life*

3 Zur Traumbucht des Dubovica-Strandes wandern

Diese wunderschöne, einsame Bucht liegt nur 10 Gehminuten von der großen Straße entfernt, die ihr sowieso nehmt vom Ort Hvar zum Rest der Insel. Also Auto abstellen, feste Schuhe noch anbehalten und hinstapfen. Es ist nicht ganz easy, aber lohnt sich zu 100 %! ***Parken:*** *GPS 43.146312, 16.530147*

4 Öl, Wein, Lavendel an der Bergstrecke kaufen

Nehmt aus der Inselhauptstadt die kleine Straße in Richtung Nordwesten. Keine Sorge, euch erwarten keine scharfen Serpentinen, sondern einfach nur wahnsinnige Aussichten auf Insel und Meer, Olivenbäume, Weinberge und die zauberhaften Lavendelfelder. In **Brusje** könnt ihr dann überall Lavendeliges kaufen: Säckchen, Seife, Honig, Öl – alles riecht oder schmeckt famos. ***Infos:*** *von Hvar-Stadt nach Jelsa ca. 1 Std.*

REGENTAG – UND NUN?

5 Fisherman's Freund in Vrboska sein

Vrboska ist neben Hvar, Stari Grad und Jelsa ein weiterer Inselort, der eine Stippvisite lohnt. Als kleiner Extra-Anreiz dient dieses sympathische **Fischereimuseum,** ein sehr uriger, idyllischer Ort mit alten Steinmauern und Holzdecken, in denen historische Geräte, Fangtechniken und Lebensumstände der Fischer präsentiert werden. Ein Museumsmitarbeiter führt euch herum und erklärt alles. ***Infos:*** *Ribarski muzej: 10. Juni–10. Sept. Di–So 9–13 Uhr, sonst nur nach Voranmeldung | 3 € | Šabotova kola, Vrboska | muzejopcinejelsa.hr*

Insider-Tipp

Perfekter Sprung ins Wasser

Zwischen Vrboska und Jelsa gibt's einen nicht beschilderten ***Mini-Strand,*** *an dem ihr direkt parken könnt (GPS 43.172440, 16.683592).*

ESSEN & TRINKEN

6 Dalmatino

Lust auf ein rundum perfektes Steak? Im Herzen von Hvar-Stadt kommen hier außerdem sehr leckere Fischteller auf den Tisch. Auch die gute Laune und die professionelle Einstellung des Personals färben sofort positiv auf die Stimmung der Gäste ab. ***Infos:*** *Mo–Sa 12–24 Uhr | ul. Sveti Marak 1, Hvar | dalmatino-hvar.com | €–€€*

7 Nook

In der tiefsten kroatischen Provinz, in einem kleinen Ort auf einer ruhigen, grünen Insel ein Restaurant mit kreativer Fusion-Küche und einem breiten vegetarischen sowie veganen Angebot zu finden – das ist schon toll! Dazu noch ein hübscher Garten, nette Leute und günstige Preise. ***Infos:*** *tgl. 17–23 Uhr | ul. Ljudevita Gaja 2, Stari Grad | Tel. +385 97 740 57 97 | Facebook: Nook Stari Grad | €€*

8 Aloha Bar Hvar

Weine, Cocktails, Bier: all das ganz romantisch und unmittelbar am Wasser im Inselhauptstädtchen. Nirgendwo sitzt es sich bis in die Nacht so schön wie hier. Auch das Essen ist gut – und das ab morgens. ***Infos:*** *tgl. 10–2 Uhr | Fabrika 18, Hvar | Tel. +385 91 514 27 66 | Facebook: Aloha Bar Hvar | €€*

EINKAUFEN

9 Family Farm Brusje

Das Dorf Brusje liegt an der kleinen Lavendel-Bergstraße (▶ S. 119) und dementsprechend gibt's hier eine Menge Pro-

DAS HVAR SCHÖN!

Stellplätze unmittelbar am Wasser der Adriabucht auf dem Kamp Grebišće.

dukte aus lila Duftblüten zu kaufen, dazu Honig, Wein, Olivenöl und mehr. Die nette Besitzerfamilie betreibt auch ein sehr gutes Restaurant mit schönem Blick auf die Landschaft und organisiert Ausflüge. ***Infos:*** *tgl. ab 9.30 Uhr | ul. kroz Brusje 33, Brusje | Tel. +385 91 526 11 32*

STELL- & CAMPINGPLÄTZE

10 Der Platz am – wunderbaren – Ende der Welt

Recht kleiner Platz an der Südküste der Insel, die vor allem mit ihrer herrlichen Einsamkeit und den für kroatische Verhältnisse ungewöhnlichen Sandstränden punkten kann. Der hervorragende Jagodna-Strand liegt denn auch direkt vor der Tür. Einziges Manko angesichts der ansonsten paradiesischen Umstände: Leider nur für Pkw und VW-Bus-große Gefährte geeignet, denn auf der Zufahrt gibt's einen kleinen Tunnel und unter den Bäumen sind die Stellplätze zwar höchst idyllisch, aber auch recht niedrig.

Lili Camp and Apartments

€€ | Jagodna (Sveta Nedjelja) otok Hvar, Jagodna | lilijagodna@gmail.com | kamplili.hr | GPS 43.131900, 16.611511

▶ **Größe:** *40 Stellplätze, 13 Apartments*
▶ **Ausstattung:** *WLAN, Waschmaschinen, Tauchen, Angeln, Sandstrand, Imbiss in der Nähe*

11 Das Mitten-im-Geschehen-Camp

Dieser etwas größere Platz zu beiden Seiten der kleinen Durchfahrtsstraße ist auch bestens situiert und hier seid ihr definitiv nicht so weit weg vom Schuss wie an der einsamen Südküste. Sogar ein recht sandiger Strand liegt direkt vor eurer Nase. Im hinteren Bereich schattige Plätze unter Pinien. Ein paar Strandbars etc. gibt's auch. Der Ort Jelsa mit Restaurants ist zu Fuß nur 2,5 km entfernt, alle anderen Inselorte sind per Auto gut zu erreichen.

Kamp Grebišće

€€ | Jelsa 621, Jelsa, | Tel. +385 21 76 11 91 | grebisce.hr | GPS 43.158420, 16.710940

▶ **Größe:** *150 Stellplätze, 8 Mietunterkünfte*
▶ **Ausstattung:** *Spielplatz, Kinderbetreuung, Imbiss, Kiosk, WLAN, Beachvolleyball, Boots- und Fahrradverleih, Waschmaschinen, Trockner, Brötchenservice*

ZEITLOS

Seit Jahrhunderten geben die Glocken der Markuskathedrale in Korčula den Rhythmus vor.

Tour E

Süddalmatien in seiner ganzen Herrlichkeit **Von Makarska nach Dubrovnik**

Start & Spot 12 **Makarska** ▶ S. 120

74 km

Spot 13 **Insel Korčula** ▶ S. 124

117 km

Ziel & Spot 14 **Dubrovnik** ▶ S. 128

Der südliche Abschnitt dieser unvergleichlichen Region namens Dalmatien ist voller Höhepunkte – sowohl der spektakulären als auch der relaxten Art. Los geht's mit Makarska, das zwar wegen seiner Beliebtheit nicht gerade verträumt, aber doch wunderschön ist: Authentische Altstadt, schicke Hafenpromenade und Strand geben sich die Klinke in die Hand. Auf der Insel Korčula kommt ihr noch einmal richtig zum Genießen und zum Abschluss erwartet euch das Highlight aller Städte: die Altstadt-Festung von Dubrovnik.

Strecke 191 km (ohne Fährstrecken)

Reine Fahrzeit 4 Std.

Streckenprofil Meist gut befahrbare Asphaltstraßen. Nur auf einigen kurzen Abschnitten auf Korčula, besonders im Süden der Insel, wird es teilweise schotterig oder sandig.

Empfohlene Dauer 8 Tage

Anschlusstouren D F

FACTS

Tour E im Überblick

Tour-Highlights

Die gigantische Festungsmauer von *Ston* besteigen ▶ **S. 118**

In *Makarska* durch die Altstadt bummeln zu Hafen und Strand ▶ **S. 25**

In *Korčulas Süden* die sandigen Strände genießen ▶ **S. 125**

Dubrovniks Altstadtensemble aus der Seilbahn bewundern ▶ **S. 130**

E Tourenverlauf

LOS, GEHT'S!

Start & Spot 12

Makarska
Die dalmatinische Strandmetropole ▶ **S. 120**

42 km So wir ihr gekommen seid, verlasst ihr Makarska auch wieder: Auf der Straße 8 geht es die Küste entlang zurück. Diesmal lasst ihr aber den Fährhafen von Drvenik mit den Verbindungen zur Insel Hvar rechts liegen und braust weiter in Richtung Südosten.

Optionaler Anschluss: Tour D

Gornja Vala

Dieser etwas größere Beach liegt in einer wunderbaren Bucht mit Mini-Ort, der noch zu Drvenik gehört. Auch ein paar Imbisse und Restaurants sind zur Stelle. Lasst es euch zum Beispiel gut gehen im hervorragenden **Restoran Plaža** *(tgl. 7–1 Uhr | Gornja Vala 43, Drvenik | Tel. +385 21 62 81 99 | €€)*. Sehr günstig und lecker sind Fish & Chips im **Marinero** am südlichen Ende des Orts *(Gornja Vala, GPS 43.1502123, 17.26154, Drvenik | €)*. Hier sitzt man etwas ruhiger und genießt dazu die schöne Aussicht.

13 km Die Straße 8 verlässt nun bald für eine Weile die direkte Küstenlinie und schlängelt sich durch eine kleine Seenlandschaft. Vor **Ploče** müsst ihr abbiegen, um den Fährhafen dieses Ortes zu erreichen.

i *Hinweis: Die Pelješac-Brücke ist mautfrei und ca. 27 km von hier entfernt. Allerdings fahrt ihr dann auf der Halbinsel Pelješac ungefähr nochmal so weit zurück, um wieder auf dem Routenverlauf zu landen.*

Fähre Ploče–Trpanj

Vom Hafen in Ploče überquert die Fähre das Adriawasser nach Trpanj auf der Halbinsel Pelješac, von der man weiter zur Insel Korčula gelangt.

i *Im Sommer ca. 4 x tgl., Fahrzeit ca. 1 Std. (17 km), Erw. 6,40 €, Womo/Bus bis 5 m 35,90 €, 5–7 m 41,30 €, über 7 m 52,10 € | jadrolinija.hr*

19 km Aus Trpanj heraus folgt ihr der einzigen größeren Straße, nämlich der 415, die sich erst Richtung Süden, dann südöstlich durch das bergige Innere der Halbinsel schlängelt. Später trefft ihr auf die Straße 414, die von der Brücke kommt, und biegt rechts ab nach Westen. Schließlich geht es an der Südküste entlang bis zum Fährhafen Orebić.

Fähre Orebić–Dominče

Hier verkehren täglich zahlreiche Schiffe, die euch von der Halbinsel zum Hafen Dominče auf Korčula befördern – direkt am Rande der Inselhauptstadt.

Im Sommer ca. 22 x tgl., Fahrzeit 15 min. (4 km) | Erwachsene 4,10 €, Wohnmobil/Bus bis 5 m 22,10 €, 5–7 m 26,40 €, über 7 m 31,80 € | jadrolinija.hr

Spot 13 **Insel Korčula**
Der Ort zum Abschalten ▶ **S. 124**

2 km Per Fähre cruist ihr nun wieder zurück vom Hafen Dominče auf Korčula nach Orebić *(Preise und Fährzeiten s. o.)*. Dann geht's erst einmal auf der schon bekannten Straße 414 zurück über die Halbinsel Pelješac.

Nevio Camping

Wenn ihr noch ein, zwei Tage habt, bevor es langsam nach Dubrovnik geht, dann ist dieser liebevoll angelegte und gepflegte, äußerst freundlich betreute Platz direkt hinter Orebić die absolut erste Wahl für euch.

WASSERWEGE

Auf den kroatischen Fähren ist Platz für Womos eingeplant.

GLASKLAR

Gibt's einen Grund, Orebić jemals wieder zu verlassen?

Schade, dass er sich nicht wirklich als Camping zum Entdecken der Insel Korčula eignet, weil die Fährstrecke für Busse oder Wohnmobile dann doch zu viel kostet, um mehrmals hin- und herzufahren. Für einen Tagesausflug in die Inselhauptstadt Korčula ist der Standort allerdings perfekt: Einfach per Fahrrad zur Fähre und dann auf Korčula ein wenig herumfahren. Auf der terrassenförmig gestalteten Anlage des Camping Nevio bekommt ihr jedenfalls einen Traumstellplatz mit grandiosem Ausblick aufs Meer bis rüber nach Korčula. Nur für die ganz großen Womos über 7 m wird es manchmal schwer, ein Plätzchen zu finden.

i Dubravica 15, Orebić | Tel. +385 20 71 31 00 | nevio-camping.com | GPS 42.982198, 17.198340 | ca. 160 Stellplätze, 62 Mietunterkünfte, riesiger Pool, Boots- und Fahrradverleih, Sportplatz, Spielplatz, Abenteuergolf, Tennisplatz, Basketballplatz, Restaurant, Einkaufsladen, Brötchenservice, Hundedusche

Insider-Tipp

Von der Beach Bar in den Bus fallen

Die Terrassen des Campinplatzes sind super, aber warum nicht mal direkt am Strand festmachen? Fragt nach einem der Stellplätze B1–B27 ganz unten am Wasser.

6 km Auf der Straße 414 schlängelt ihr euch jetzt weiter über die Halbinsel Pelješac nach Südosten. Nach einiger Zeit geht diese Hauptstraße hinauf in die Berge. Immer wieder tun sich tolle Blicke auf.

Wine Shop Andričević

Ganz besonders faszinierend ist das Panorama auf Höhe dieses Weinladens. Wenn du schon von Weitem eine gigantische Rotweinflasche am Straßenrand siehst, dann keine Sorge: Du hast weder in den letzten Tagen zu tief ins Glas geschaut noch leidest du unter Halluzinationen. Tatsächlich steht hier solch ein Mutant, der Kunden anlocken soll, aber auch ein fantastisches Fotomotiv darstellt – besonders vor dem Hintergrund der Adriaküste, die sich weit, weit unten in all ihrer Grazie präsentiert. Und damit noch nicht genug: Die Weine, die hier verkauft werden, sind von einwandfreier Qualität – meist mittlere Preisklasse, aber du bekommst auch günstigere Weine im 3-Liter-Kanister. Für 15 € pro Flasche gibt es ansonsten schon wirklich gute Tropfen. Natürlich können die meisten Sorten auch vor Ort probiert werden. Nur das Ausspucken nicht vergessen, wenn du wieder hinters Steuer willst!

i *tgl. 8–21 Uhr | GPS 42.967919, 17.254181, Donja Banda | Tel. +385 98 198 47 23*

50 km Bei Donja Banda nicht auf die 415 in Richtung Fährhafen Trpanj abbiegen, sondern weiter auf der 414 bleiben. Wenn die Straße bei Drače auf die Nordküste trifft, erhaschst du einen Blick auf die neue **Pelješac-Brücke** *(Pelješki most)*. Sie verbindet den Ort **Komarna** auf dem Festland mit der Halbinsel Pelješac. Diese Brücke wurde gebaut, weil man auf der Festland-Küstenstraße kurz hinter Komarna rund um die Stadt Neum für wenige Kilometer bosnisches Territorium durchqueren muss. Auf dem Landweg nach Dubrovnik oder Pelješac galt es bisher also immer zwei Grenzen zu passieren: die kroatisch-bosnische und die bosnisch-kroatische. Das ging früher meist recht problemlos, doch seit dem EU-Beitritt Kroatiens war es etwas beschwerlicher. Dank der 2022 eröffneten Brücke erspart man sich die Grenzformalitäten und Reisende haben außerdem eine Alternative zur oben erwähnten Fähre zwischen Ploče und Trpanj auf dem Weg zur Insel Korčula. Dementsprechend ist der Verkehr in Richtung Dubrovnik hier jetzt dichter.Die Trasse vom Festland über die neue Brücke trifft kurz vor dem Dorf Sparagovići auf die 414. Ihr folgt auf alle Fälle dieser Straße weiter Richtung Südosten, auch wenn sie in Papratno einen großen Bogen nach Norden macht. Bald seht ihr am Horizont eine riesige Mauer, die immer größer wird, je mehr ihr euch dem Ort Ston nähert.

Ston und Mali Ston

Der eigentlich winzige Ort am Ufer einer sehr tief eingeschnittenen Adriabucht ist wegen seines kleinen **Festungs- und Altstadtensembles** absolut sehenswert. Parkt vor dem nicht zu verfehlenden mittelalterlichen Stadttor und schreitet hinein. Innerhalb der alten Mauern liegt gleich rechts das **Fort Kaštio** *(Tvrđava Kaštio)*. Auch der mittelalterliche Brunnen präsentiert sich sehr attraktiv. Geht die schnurgerade Hauptgasse entlang, die leicht ansteigt und in einer breiten Treppe in Richtung Festungsmauer endet. Rechts und links liegen gemütliche Restaurantterrassen. Dazu kommen noch ein paar Seitengässchen – das war's auch schon.

Stadtmauer von Ston
So richtig faszinierend wird es aber erst jetzt: Die alte Stadtmauer zieht sich extrem eindrucksvoll durch die Hügel dieser Landschaft bis in den Hafenort Mali Ston. Das im Mittelalter entstandene, etwa 7 km lange Bauwerk sollte damals die Republik Ragusa, die auf der Halbinsel herrschte, vor Eindringlingen schützen. Heute ist es eines der längsten, noch gut erhaltenen Festungssysteme der Welt. In der Altstadt von Ston habt ihr Zugang, ebenso in Mali Ston. Natürlich müsst ihr nicht die gesamte Strecke ablaufen, auch in Stücken kann die Mauer erobert und besichtigt werden. Wer von Ston nach Mali Ston läuft, organisiert sich problemlos einen Transfer zurück zum eigenen Fahrzeug. Bringt aber etwas zu trinken mit, denn anstrengend ist der Mauerspaziergang schon!

i *Stonske zidine: tgl. im Sommer 8–18.30 Uhr, sonst kürzer | 10 € | ston.hr*

Stagnum
Auch wenn es hier authentischer zugeht als in den sehr touristischen Restaurants auf der Hauptstraße, freut man sich auch im teils deutschsprachigen Stagnum über Gäste von außerhalb. Besonders schön: Man kann zusehen, wie die Speisen im Garten auf dem Holzkohlegrill zubereitet werden. Wer nicht auf Meeresfrüchte oder andere ausgefeilte Speisen steht, bekommt auch eine wirklich gute Pizza.

i *tgl. | Imena Isusova 25, Ston | Tel. +385 20 75 41 58 | €€*

Insider-Tipp
Süße Schinken für Vegetarier

Was auch immer ihr bestellt: Lasst auf alle Fälle ein bisschen Platz für den himmlischen ***Schoko-Palatschinken*** *(dünne Pfannkuchen) zum Dessert!*

Mali Ston
Mali Ston ist es ein nettes Dörfchen am Wasser im Schatten der Festung mit einigen Cafés und Restaurants. Auch der Strand ist völlig in Ordnung. Durch die Lage in der tiefen Bucht ist das Wasser hier besonders ruhig.

49 km | Bald trifft die 414 auf die Adria-Magistrale (Nr. 8). Dort rechts abbiegen und immer an der Küste entlang in Richtung Dubrovnik fahren. Beim Dorf Orašac passiert ihr den **Campingplatz Pod Maslinom** (▶ S. 133).

Franjo-Tuđman-Brücke

Seit über zwei Jahrzehnten überquert die 518 m lange und 52 m hohe Franjo-Tuđman-Brücke *(Most dr. Franja Tuđmana)* die Ombla-Bucht.

Die Brücke sieht nicht nur spektakulär aus, sondern gibt auch tolle Blicke auf Dubrovnik und die süddalmatinische Küste frei. Direkt vor der Brücke findet ihr einen Parkplatz (GPS 42.670010, 18.076678).

10 km | Auf der anderen Seite der Brücke fahrt ihr nun nach Dubrovnik hinein.

Ziel & Spot 14

Dubrovnik
Die wohl schönste Festung der Welt ▶ **S. 128**

Optionaler Anschluss: Tour F

REPRÄSENTATIV

Die Franjo-Tuđman-Brücke wurde nach dem ersten Staatspräsidenten Kroatiens benannt.

Spot 12

Makarska
Die dalmatinische Strandmetropole

Strände gibt´s viele an der kroatischen Küste, aber diese Verbindung von kleiner historischer Altstadt mit großem, zentrumsnahem Strand ist wohl doch einzigartig: Die elegante Hafenpromenade geht in Makarska direkt über in die Flaniermeile den Strand entlang. Kein Wunder, dass sich Touristen jenseits aller Vorlieben und Herkunftsländer einig sind: Makarska ist etwas Besonderes. Der Biokovo-Aussichtsberg mit seinem unglaublichen Glasboden kommt als Superbonus hinzu.

P *Der kostenpflichtige Platz Mucrum Parking (GPS 43.291456, 17.020814 | mucrum-parking.com) am Südende von Altstadt und Hafen hat eine bequeme Einfahrt und recht großzügige Plätze, Zahlung online möglich.*

SCHWINDELFREI?

Ein Rundgang auf dem Skywalk im Biokovo-Gebirge wird zur Nervenprobe.

AKTIVITÄTEN & SIGHTSEEING

1 Durch die Altstadt hinunter zum Hafen laufen

Hübsch-romantisch zeigen sich die von der Landstraße Richtung Wasser abfallenden Gässchen. Über den Hauptplatz Trg fra Andrije Kačića Miošića mit der **St.-Markus-Kathedrale** und einigen netten Lokalen gelangt ihr zum **Hafen** *(Luka Makarska)*. Von der palmenbestandenen Promenade lassen sich die exklusiven Luxusyachten bestens bestaunen.

2 Im Wald baden, bevor ihr ins Strandleben eintaucht

Gönnt euch unbedingt einen Abstecher auf die **Sveti-Petar-Halbinsel** mit **Waldpark.** Am Nordwestende ist der Leuchtturm ein wunderbares Ziel. Nun ab zum Makarska Beach: Die attraktive Strandpromenade mit Gastronomie lädt auch abends zum pausenreichen Spaziergang.

Am Südostzipfel der Halbinsel solltet ihr bei der Sveti-Petar-Statue die tolle Perspektive auf den Hafen nutzen.

3 Auf dem Skywalk testen, ob das Glas hält

Der **Naturpark Biokovo-Gebirge** ist kostenpflichtig, doch das Erlebnis lohnt definitiv. Auf einer schmalen Bergstraße schraubt ihr euch über Serpentinen hinauf. Das Ziel: eine Aussichtsplattform mit Glasboden über dem Abgrund, weit oberhalb der Riviera. ***Infos:*** *Park Prirode Biokovo: April–Okt. zur vollen Stunde Einlass für 20 Fahrzeuge | 8 €/Pers. | pp-biokovo.hr | im Sommer oft Warteschlangen*

Insider-Tipp
Platz da! *Auf der 13 km langen Zickzack-Strecke hoch ins Biokovo-Gebirge gibt es* ***Ausweichstellen,*** *um den stoßweise anrückenden Gegenverkehr abzuwarten. Doch Womos über 7 m Länge werden an der Parkeinfahrt abgewiesen.*

4 Zur Insel Brač schippern

Mitten aus dem Zentrum Makarskas geht's per Fähre auf diese schöne Insel – immerhin die drittgrößte der Adria. Hier punkten die Städte **Supetar** im Norden und **Bol** im Süden auch mit reizvollen Stränden. Falls ihr nicht viel Zeit habt, genießt einfach die Überfahrt und den Fährhafen **Sumartin** samt Strand. ***Infos:*** *ca. 5 x tgl., Fahrzeit 1 Std. (14 km) | 12,20 €hin und rück | Fährhafen Makarska, GPS 43.294768, 17.016931 | jadrolinija.hr*

REGENTAG – UND NUN?

5 Lass dich verwöhnen in der Wohlfühl-Auszeit

Wenn's draußen ungemütlich ist, ist Zeit für tiefes Durchatmen und Entspannen. Viel besser könnt ihr da nicht landen als bei **Spa Key Makarska:** Die Massagen sind außergewöhnlich gut – angepasst an individuelle Wünsche, hochprofessionell, angenehm und mit lang anhaltender Entspannung nach dem vielen Sitzen im Fahrzeug! ***Infos:*** *tgl. | Šetalište doktor fra Jure Radića 3b (im Hotel Osejava), Makarska | Tel. +385 91 346 37 87 | osejava.com*

ESSEN & TRINKEN

6 Gastro Diva

Im oberen Teil der kleinen Altstadt sitzt ihr gemütlich direkt auf dem Pflaster und lasst das Leben an euch vorbeiziehen. Essen, Trinken, Service sind auf hohem Niveau. Die Speisen werden fast ausschließlich aus regionalen Zutaten bereitet, die Karte regelmäßig saisonal angepasst. ***Infos:*** *tgl. | Kalalarga 22, Makarska | Tel. +385 95 511 04 22 | €€*

7 Castellum

Besonders authentisch isst du im Schatten der Kathedrale in der Altstadt. Die Teller sind sehr liebevoll angerichtet und es schmeckt auch allererste Klasse. Der Sommelier berät euch gern bei der Auswahl eines passenden Weines. Und plant unbedingt noch Platz für den himmlischen Schokoladenkuchen ein! ***Infos:*** *tgl. | Trg fra Andrije Kačića Miošića 7, Makarska | Tel. +385 95 362 43 29 | restaurant-castellum.com | €€-€€€*

8 Caffe Bar Kačić

Tagsüber der richtige Ort für eine Kaffeepause am Rande des Hauptplatzes, aber richtig interessant wird's am Abend. Dann kommt nämlich bei Bierchen, Wein oder Cocktail erst so richtig Stimmung auf – hier treffen sich auch die Einheimischen. ***Infos:*** *tgl. bis 2 Uhr | Trg fra Andrije Kačića Miošića 2, Makarska | €*

EINKAUFEN

9 Pevex

Ob Fahrradschlauch oder Ausrüstung für den Campingbus – dies ist die richtige Adresse. Der Bau- und Haushaltswarenladen liegt am Rand des unmittelbaren Stadtzentrums und führt auch Elektronik, Sportartikel, Waschmit-

OPTISCHE TÄUSCHUNG

An der Riviera von Makarska scheinen die Boote zu schweben.

tel, Möbel und Kabel. ***Infos:*** *Mo–Sa 7.30–21 Uhr | Vrgorački put 1, Makarska | pevex.hr*

STELL- & CAMPINGPLÄTZE

10 Für alle, die der Berg ruft

Dieses Plätzchen mit nur wenigen Stellplätzen liegt am Rande des Naturparks Biokovo – der mit der tollen gläsernen Aussichtsplattform. Also ein Stückchen ab vom Schuss, aber aus Makarska durch den Tunnel der Straße 76 schnell zu erreichen. Hier werdet ihr ganz lieb empfangen, es ist ein feiner Ausgangspunkt für Wanderungen und gerade bei Hitze angenehm, weil ein paar Grad kühler als unten am Meer. Das nahe Restaurant **Konoba 5ar** *(Tel. 385 91 560 11 25 | Facebook: konoba5ar)* ist auch uneingeschränkt empfehlenswert!

Camp Biokovo

€ | Put Remonta 15, Zagvozd (18 km von Makarska) | Tel. +385 98 173 33 18 | campingbiokovo.hr | GPS 43.397546, 17.047626

▶ **Größe:** *11 Stellplätze*
▶ **Ausstattung:** *WLAN, Waschmaschine, Brötchenservice, Kochgelegenheit, Aufenthaltsraum, Restaurant in der Nähe (0,5 km)*

11 Nah am Strand und doch mit Weitblick

Das Panorama der Berge ist im Hintergrund zu erkennen, während ihr vorn zur Riviera von Makarska hinabblickt. Denn obwohl es nur 10 Gehminuten zum Strand sind, liegt der Platz doch ein wenig erhöht, die letzten Meter geht's auf der Straße recht steil hinauf. Dafür ist die Atmosphäre äußerst ruhig und familiär, liebevoll eingerichtet von den äußerst freundlichen Betreibern. Es finden sich schöne, großzügige, schattige Stellplätze (leider nur für Womos bis 7 m). Netter Wanderweg nach Makarska.

Autocamp Krvavica

€ | Krvavica 101a, Krvavica (6 km von Makarska-Zentrum) | Tel. +385 91 526 70 58 | autocamp-krvavica.com | GPS 43.323530, 16.985822

▶ **Größe:** *30 Stellplätze*
▶ **Ausstattung:** *WLAN, Gemeinschaftskühlschrank, Gemeinschaftsterrasse, Waschmaschine, Grill, kleiner Laden (in der Nähe), nur Barzahlung*

Spot 13

Insel Korčula
Der Ort zum Abschalten

Diese Insel beschert euch eine Menge Entspannung und ungestörte Natur, kleine Strände in ruhigen Buchten, dazu leckere Weine, verträumte Hafenörtchen und einige hügelige Straßen – genau das richtige Programm, um vor der Reise nach Dubrovnik noch einmal kräftig durchzuatmen. Dank der Inselhauptstadt und ihrem spektakulären historischen Zentrum müsst ihr allerdings auch auf Korčula keineswegs auf ein tolles City-Erlebnis verzichten, an das ihr euch in Kroatien ja schon fast gewöhnt habt.

ÜBERSICHTLICH

Fest ummauert füllt die Altstadt von Korčula eine kleine Halbinsel.

AKTIVITÄTEN & SIGHTSEEING

1 Durch die Old Town zu Marco Polo spazieren

Fast wie ein kleines Dubrovnik ragt die schachbrettartig angelegte Altstadt von Korčula auf einer Halbinsel in die Adria hinein. Drumherum geht's am Wasser entlang – vorbei an Fähranleger, Kanavelić-Turm (15. Jh.) und Mini-Strand. Schaut auch beim mutmaßlichen **Geburtshaus des Globetrotters Marco Polo** vorbei. Das Museum ist nicht spektakulär, aber der Aufstieg auf den Turm lohnt. ***Infos:*** *Kuća Marka Pola: tgl. 9–21 Uhr | 8 € | ul. Depolo, Korčula | korculainfo.com/marcopolohouse* ***Parken:*** *Günstiger als am Hafen ist es beim Einkaufszentrum ca. 1 km außerhalb (ul. Ante Starčevića 6, Korčula | GPS 42.956728, 17.132711)*

2 Am Vela Pržina Plaža auf dem Sandstrand aalen

An der Südküste gibt es tatsächlich sandige Buchten – diese ist gut per Straße zu erreichen und bietet Bar, Beachvolleyballfeld und kostenlose Parkplätze. Einziger Wermutstropfen: Im Wasser liegen sehr viele kleine Steine. Also eher für Sonnenbader und Schwimmer; Planscher, die im flachen Wasser herumlaufen wollen, brauchen Badeschuhe. ***Infos:*** *GPS 42.918036, 17.184615, hinter Lumbarda am Ende der Hauptstraße*

3 In Vela Luka immer dem Mosaik folgen

Fast 500 m lang zieht sich der Bildstreifen aus Steinchen über den Bürgersteig des netten Hafenstädtchens an der Westspitze von Korčula. Jedes Jahr soll dieses Gemeinschaftsprojekt weiter wachsen, bis es mit 2,5 km zum weltlängsten Mosaik wird. In der **Großen Grotte** 3 km oberhalb des Ortes wohnten bereits in der Steinzeit vor über 20 000 Jahren Menschen; sie ist in 5 Min. besichtigt, doch schon die Anfahrt ist hübsch. ***Infos:*** *Mosaik: Facebook: luka mozaika; Grotte Vela Spila: Mo–Sa 9–19 Uhr | 3,30 € | GPS 42.969579, 16.718512*

4 Am Pupnatska Luka Beach chillen

Der Strand ist zwar eher kieselig als sandig, aber in einer bewaldeten Traumbucht gelegen und nicht überfüllt. Zudem gibt's ein gutes Restaurant, eine Bar – probiert die Burger – sowie einen Sonnenschirmverleih. ***Parken:*** *10 €/Tag | GPS 42.928631, 17.003508, steile Anfahrt*

REGENTAG – UND NUN?

5 Im Barilo alten Anekdoten lauschen

In dem kleinen, privat geführten **Ethnologischen Museum Barilo** im grünen Inselinneren bringen Marija, Dita und Velimir ihren Besuchern auf sehr persönliche Weise die Geschichte dieses Fleckchens Erde nahe, anhand von vielen Andenken und Fundstücken. Nehmt auch die Führung (auf Englisch) mit, die Storys sind gut verständlich und spannend. ***Infos:*** *Etno muzej Barilo: tgl. 9–20 Uhr | 3 € | 86. ul., Blato | Tel. +385 20 85 16 23*

ESSEN & TRINKEN

6 Bistro Pagareško

In der Altstadt von Korčula geht's oft etwas schicker und teurer zu. Nicht so in diesem sympathischen Lokal: Hier kommt Fast Food mit Qualität auf die Teller, die Burger sind schmackhaft. Zudem sitzt man gemütlich und kann den Blick übers Meer schweifen lassen! Vom Frühstück bis zum Bierchen seid ihr herzlich willkommen. ***Infos:*** *tgl. | Obala Vinka Paletina 5, Korčula | Tel. +385 98 41 74 15 | €*

7 Konoba Bata

Neben dem langen Mosaik findet man in Vela Luka einige gute Restaurants und Cafés. Das Konoba Bata ist bekannt für seine exzellenten Meeresfrüchte und frischen Fisch wie z. B. frittierte Calamari. Doch auch Veganer und Vegetarier kommen hier voll auf ihre Kosten. Dazu gibt's wirklich leckeren und recht günstigen Hauswein! ***Infos:*** *tgl. ab 17 Uhr | ul. 56 1, Vela Luka | Tel. +385 20 81 24 57 | €€*

8 LoLe Wine and Tapas Bar

In dieser kleinen Gaststätte regieren echte Foodies, jede Speise wird euch mit Begeisterung erläutert. Auch ohne großen Hunger: Kommt einfach für ein paar Gläser Wein mit Oliven oder Bruschette vorbei. ***Infos:*** *tgl. ab 17 Uhr | ul. Marka Andrijića 15, Korčula, Tel. +385 99 291 54 43 | €€*

EINKAUFEN

9 Blato 1902

Im eher untouristischen Blato findest du abgesehen vom Ethnologischen Museum Barilo (▶ S. 125) auch diesen Laden mit einheimischem Wein und Olivenöl: schöne Mitbringsel, von günstig bis hochwertig, nicht nur für Freunde und Familie, sondern auch für dich. ***Infos:*** *Mo–Sa | 1. ul. 28, Blato | blato1902.hr*

FESTHALTEN!

Das Küstenpanorama auf der Insel Korčula wird nie langweilig.

STELL- & CAMPINGPLÄTZE

10 Herzlichkeit unter Mandeln und Oliven

Am Westzipfel der Insel Korčula, am Ende der Straße von Vela Luka, ist dieser Platz etwas Außergewöhnliches: Durch die Lage ohne jeden Durchgangsverkehr, in der Nähe von ruhigen kleinen Buchten und Kiesstränden (ab 5 Min. Fußweg), ergibt sich ein besonderer Reiz. Die schattigen, großen Stellplätze sowie die Freundlichkeit und Professionalität der Besitzer setzen dem Ganzen die Krone auf.

Insider-Tipp **Lass kaufen!** *Weil es sich nicht lohnt, einen Laden zu betreiben, gibt's den **Einkaufsservice:** Einfach bis abends sagen, was du brauchst (Grundnahrungsmittel) und morgens ist alles da.*

Mindel Camp

€–€€ | Stani 192, Vela Luka (6 km vom Zentrum) | Tel. +385 99 302 88 81 | mindel.hr | GPS 49.983821, 16.670802

- **Größe:** *ca. 50 Stellplätze*
- **Ausstattung:** *WLAN, Spielplatz, Kühlschränke, Lebensmittelservice, Tennisplatz, Bowlingbahn, Restaurant in der Nähe*

11 Weit vom Schuss, nah am Strand

Hier findet ihr absolute Ruhe und Abgeschiedenheit. Das Gelände an der Südküste ist auf natürliche Weise eingebettet in einen Olivenhain und top für kleine Campingfahrzeuge. Doch auch für größere Womos gibt es einige Stellplätze. Im Zweifelsfall aber lieber vorher anfragen. Auf dem Platz tummeln sich Hunde und Katzen, der hilfsbereite Besitzer mit seinem schrulligen Humor liebt seine Arbeit. Sanitäranlagen bescheiden, aber okay. Der Strand (mit Bar) ist nur wenige Schritte entfernt.

Auto Camp Ravno

€ | Prižba 74, Smokvica | Tel. +385 20 85 20 26 | GPS 42.907076, 16.797535

- **Größe:** *ca. 20 Stellplätze*
- **Ausstattung:** *keine Chemie-WC-Entsorgung, Gemeinschaftsterrasse, Supermarkt in der Nähe*

Dubrovnik
Die wohl schönste Festung der Welt

Nein, das ist nicht einfach nur eine reizvolle Altstadt. Oder eine tolle Burg. Es ist ein unglaubliches historisches Ensemble, das sich hier steil ins Meer hineinfrisst. Zurecht UNESCO-Weltkulturerbe und ohne Zweifel die herausragendste Stadt Kroatiens. Schaut euch diese Perle von weit oben an und stürzt euch hinein.

P *Am besten ohne Auto kommen, denn Parkplätze sind rar und teuer (bis zu 10 €/Std.) – da lohnt zuweilen ein Taxi. Dubrovnik City Parking kostet nur 3 €/Std., aber ca. 30 Min. Fußweg von der Altstadt (Žuljanska ul. 1, GPS 42.652568, 18.087205 | dubrovnikcityparking.com | Reservierung über WhatsApp +385 91 518 76 86 möglich). Tipp: Der Dubrovnik-Pass (35 €/Tag | dubrovnikpass.com) umfasst neben dem Eintritt für die Stadtmauern und viele Museen auch ein Busticket für 24 Std.*

UNEINNEHMBAR

Die Stadtmauern sind so brillant konstruiert, dass Dubrovnik nie erobert wurde.

AKTIVITÄTEN & SIGHTSEEING

1 Durch die Altstadt zur Flaniermeile absteigen

Dubrovnik erläuft man sich am besten von oben, von der **Tvrđava Minčeta,** einer Festung aus dem 14. Jh. Der Blick von dort ist einzigartig. Durch die steilen Gassen, teils auf Treppen, geht's dann hinunter. Auf halber Höhe verläuft quer die **Prijeko Ulica** mit Dutzenden Restaurants und ohne Steigungen. Noch eine Etage tiefer dann **Stradun,** die historische Hauptstraße der Altstadtfestung, die nach Westen zum großen Stadttor **Vrata od Pila** führt.

Insider-Tipp
Unterirdisch

Bei der Minčeta-Festung versteckt sich eine historische ***Gießerei*** *mit Museum (Kula Gornji Ugao: tgl. 10–18 Uhr | inbegriffen im Stadtmauer-Ticket. | ul. Iza Grada).*

2 Durch den Hafen zu Burg und Mole flanieren

Von der barocken St.-Blasius-Kirche (Crkva svetoga Vlaha) kommt ihr am Brunnen Mala Onofrijeva fontana vorbei zum gotischen **Rektorenpalast Knežev** mit dem **Kulturhistorischem Museum** und in den Alten Hafen, wo es am Wasser entlang zur mittelalterlichen **St.-Ivan-Festung** und zur Hafenmole Porporela samt Cocktailbar geht. ***Infos:*** *Knežev: tgl. 9–18 Uhr | 15 € | ul. Pred Dvorom 3, Dubrovnik | dumus.hr; Tvrđava Svetog Ivana: tgl. 8–18 Uhr | inbegriffen im Stadtmauer-Ticket | citywallsdubrovnik.hr*

3 Die besten Game-of-Thrones-Locations finden

Fans der Fantasy-Serie muss an dieser Stelle nichts erklärt werden. Für alle anderen: Dubrovnik war eine wichtige Drehkulisse des TV-Dauerbrenners. Auf Spurensuche kannst du u. a. mit **Dubrovnik Walking Tours** gehen. Die **Game-of-Thrones-Tour** ist auch für nicht Eingeweihte eine schöne Stadtführung. ***Infos:*** *April–Okt. tgl. 9.30, 11 und 16 Uhr | Dauer 2 Std | 25 €. | Stradun 33, Dubrovnik | Tel. +385 95 744 74 74 | dubrovnik-walking-tours.com*

4 Auf der Mauer, auf der Lauer um die City herumbummeln

Ihr konnt auf der **Stadtmauer** fast um die ganze riesige Anlage herumlaufen. Sonnenschutz und viel Zeit mitbringen. Herrlich sind nicht nur die Ausblicke in Richtung Adria und aufs Dächermeer, sondern auch die Einblicke in Höfe, Gärtchen und Häuser der Bewohner – denn hier leben noch Menschen. Stimmungsvoll und interessant ist die geführte Sunset Tour. ***Infos:*** *tgl. im Sommer 8–19 Uhr, sonst kürzer | März–Okt. 35 € (Dubrovnik-Pass), sonst 15 € | Eingang beim Stadttor Vrata od Pila | citywallsdubrovnik.hr*

5 Die Festung neben der Festung erstürmen

Gleich westlich der Altstadt ragt eine Mini-Halbinsel ins Wasser – nicht besiedelt und ohne Straßen. Dort erwartet euch die wunderschöne Aussichts-**Festung Lovrijenac.** Geht noch ein klitzekleines Stückchen weiter zur Kirche Crkva sv. Lovrijenac. Romantik pur am Land's

End. ***Infos:*** *tgl. ab 8 Uhr, Schließung je nach Saison | inbegriffen im Stadtmauer-Ticket | citywallsdubrovnik.hr*

6 Das Kajak zu Wasser lassen

Auch Dubrovnik ist ein perfekter Ort für eine gute Portion feuchtfröhliches Abenteuer. Beim freundlichen Personal von **x-Adventure** könnt ihr Seekajaks mieten oder ganze Touren buchen. Besonders romantisch: die Sunset Tour mit Blick auf die Stadt. ***Infos:*** *ab 40 €/Std. | ul. od Tabakarije 1, Dubrovnik | kayak-dubrovnik.com*

7 Per Seilbahn zur ultimativen Vogelperspektive gondeln

Mit dem Cable Car geht's auf den fast 800 m hohen **Berg Srđ,** der Wahnsinns-Aussichten verspricht. Zudem informiert euch dort im **Fort Imperial,** einer mächtigen Festung aus dem 19. Jh., das multimediale **Museum des kroatischen Unabhängigkeitskrieges** über die Zeit der Jugoslawienkriege. ***Infos:*** *Žičara Dubrovnik: tgl. Juni–Aug. 9–24 Uhr, sonst kürzer, Nov.–Febr. geschl. | 27 € retour | ul. Kralja Petra Krešimira IV. 10A, Dubrovnik | dubrovnikcablecar.com; Muzej Domovinskog rata Dubrovnik: tgl. 9–21 Uhr | 5 € | Srđ ul. 1, Mlini | mdrd.hr*

8 Mitten in der Stadt mal eben im Meer abkühlen

Westlich der Altstadt, am Beginn der Halbinsel Lovrjenac, ist der nahe **Strand Danče** wie gemacht für eine schnelle Abkühlung von der heißen Stadtentdeckung: Cocktails, Imbiss, Bootsverleih, viele Einheimische. ***Infos:*** *ul. od Tabakarije 37, Dubrovnik*

9 Einmal tief durchatmen auf der Haseninsel Lokrum

Auf der paradiesisch ruhigen und schönen Insel Lokrum findest du neben Stille auch eine Festung, ein Kloster, einen Botanischen Garten sowie Klippen, Wälder und sehr viele herumspringende Hasen. ***Infos:*** *an den Ständen im Alten Hafen (GPS 42.640863, 18.111790) Preise für die Fahrt nach Otok Lokrum verhandeln, z. T. wird Eintritt für die Insel verlangt*

REGENTAG – UND NUN?

10 Trip in die Vergangenheit

In den ehemals kommunistischen Ländern gibt es zahlreiche Museen, in denen die brutale und oft traurige Geschichte der undemokratischen Regimes dargestellt wird – und das völlig zu Recht. Doch weil Menschen selbst unter schwierigen Umständen leben, lieben und lachen, gibt es auch die witzigen, leichteren und nostalgischen Erinnerungen an diese Zeiten. Genau das wird im **Red History Museum** sehr humorvoll und anschaulich gezeigt – oft auch interaktiv: alte Autos, Wohnungseinrichtungen, Kleidung. Mit hübscher Terrasse im Innenhof. ***Infos:*** *tgl. April–Sept. 9.30–20.30 Uhr, sonst kürzerUhr | 9 € | ul. Svetog Križa 3, Dubrovnik | redhistorymuseum.com*

ESSEN & TRINKEN

11 Nishta

Vor allem abends ist die Prijeko Ulica mit ihrem Stimmen- und Musikgewirr romantisch. Ganz besonders trifft das zu auf dieses kleine vegetarische Lokal mit ein paar Tischen draußen und einigen im Innenraum. Leckere, gesunde, kreative Speisen aus lokalen Zutaten. ***Infos:*** *Mo–Sa | Prijeko, Dubrovnik | Tel. +385 20 32 20 88 | nishtarestaurant.com |* €€

12 Pizzeria Oliva

Nicht nur der Service ist nett und flott, du sitzt auch sehr gemütlich in einem schmalen Gässchen im flachen Teil der Altstadt. Meine Empfehlung: Bleibt tatsächlich bei der Pizza – darauf sind sie hier spezialisiert und das schmeckt man auch. ***Infos:*** *tgl. | Lučarica ul. 5, Dubrovnik | Tel. +385 20 32 45 94 | pizzeriaolivadubrovnik.com |* €€

13 Gianni

In Dubrovnik ist's meistens heiß – also wird euch die Eis-Lust packen. Hausgemacht und extrem lecker ist die tropfende Versuchung bei Gianni in der Altstadt. Kuchen und Torten zum Fingerschlecken und einen echt italienischen Espresso bekommt ihr hier auch. ***Infos:*** *tgl. | ul. Kneza Damjana Jude, Dubrovnik | Tel. +385 95 392 63 23 | gianni-dubrovnik.com |* €€

14 Cogito Coffee Shop

Kaffee trinkt ihr am schönsten im Cogito beim Hafen. Draußen sitzt man ganz gechillt zwischen Katzen und Pflanzen. ***Infos:*** *Fr–Mi | ul. od Pustijerne 1, Dubrovnik | cogitocoffee.com |* €€–€€€

Insider-Tipp
Wer rastet, der röstet

Den selbst gerösteten Kaffee könnt ihr auch für zuhause einkaufen.

GONDOLIERE

Per Seilbahn geht's aus Dubrovniks Zentrum hoch hinaus auf den Hausberg Srđ.

EINKAUFEN

15 Life according to KAWA

Neben klassischen Souvenirs stehen hier schöne Wohnaccessoires in den Regalen, alles ist kreativ und geschmackvoll, selbst designt und handgemacht. Plus Craft-Biere und sogar noch eine Ecke mit asiatischen Lebensmitteln. Was für eine Kombi! ***Infos:*** *tgl. | Hvarska ul. 2, Dubrovnik | Tel. +385 20 67 07 30 | kawa.life*

16 Medusa

In der Prijeko-Straße, die zum Pflichtprogramm jeder Dubrovnik-Besichtigung gehört, hebt sich dieser kleine Laden von den üblichen Touristen–Souvenirgeschäften ab: handgemachte Geschenke aus ganz Kroatien, die bei euch zu Hause ganz sicher nicht als bloße Staubfänger in der Ecke herumstehen. ***Infos:*** *tgl. | Prijeko ul. 18, Dubrovnik | Tel. +385 98 175 17 41 | medusa.hr*

AUSGEHEN

17 Pub Dubrovnik

Auch für Hungrige zu empfehlen, besonders der sogenannte *catch of the day*, also Fisch und Meeresfrüchte im aktuell wechselnden Angebot. So richtig gemütlich wird's aber erst, wenn die Sonne untergeht. ***Infos:*** *tgl. bis 2 Uhr | Bunićeva poljana 3, Dubrovnik | Tel. +385 989 61 15 93 | pubdubrovnik.hr | €–€€*

18 The Bar

Die Karte ist nicht die größte und die Preise nicht die niedrigsten – aber daran erkennt man die Qualität. Denn die Cocktails und Drinks werden bei The Bar wirklich von Expertenhand gemixt und schmecken dementsprechend großartig. Das Personal erklärt euch auch geduldig die verschiedenen Variationen. ***Infos:*** *tgl. bis 2 Uhr | Kunićeva ul. 5, Dubrovnik | dubrovnikthebar.com | €€–€€€*

SCHIRMHERRSCHAFT

Schöne Plätzchen am Wasser gibt's in Dubrovnik selbstverständlich auch.

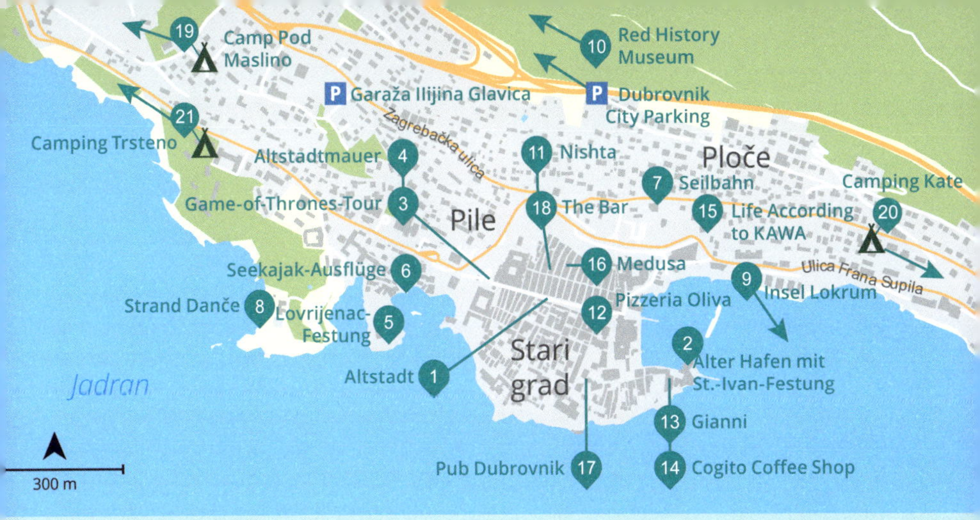

STELL- & CAMPINGPLÄTZE

19 Campingträume unter Oliven

Nicht allzu weit vor Dubrovnik ist euch in dieser kleinen Bucht Erholung garantiert – mit Hafen und Stränden in kurzer Spazierentfernung. Die durch Steinmäuerchen getrennten Stellplätze sind groß genug angelegt, dazu schattig. Terrassenförmig geht's hinunter in Richtung Meer, damit auch alle einen schönen Blick genießen können.

Camp Pod Maslinom

€–€€ | Donja Banda, Orašac (16 km von Dubrovnik) | Tel. +385 20 89 11 69 | orasac.com | GPS 42.698901, 18.005601

▸ **Größe:** *70 Stellplätze*
▸ **Ausstattung:** *Restaurant, Brötchenservice, Waschmaschinen, WLAN (bei Rezeption und Restaurant), Busverbindung nach Dubrovnik*

20 Eine Treppe vom Strand entfernt

Klein und ruhig, es wirkt eher wie ein Hinterhof oder ein Garten – aber das ist eben das Schöne daran. Über eine lange Treppe mit 164 Stufen geht's ganz bis zum Wasser hinunter – und dann wieder herauf! Der Besitzer ist ausgesprochen freundlich und hilfsbereit.

Camping Kate

€–€€ | Tupina 1, Mlini (9 km von Dubrovnik) | Tel. +385 20 48 70 06 | campingkate.com | GPS 42.624606, 18.207986

▸ **Größe:** *40 Stellplätze (davon 30 parzelliert)*
▸ **Ausstattung:** *Aufenthaltsraum, WLAN (auf Teilen des Geländes), Schließfächer, Waschmaschinen; in direkter Nähe: Restaurant, Imbiss und Fahrradverleih*

21 Beim Botanischen Garten

Auch dieser Campingplatz präsentiert sich recht übersichtlich, zudem gemütlich und in toller Lage neben dem Arboretum (dem größten Botanischen Garten Kroatiens), 20 Minuten von Dubrovnik. Ein wenig in die Jahre gekommen, aber die Stellplätze schattig unter Oliven, der Besitzer nett und deutschsprachig.

Camping Trsteno

€ | Trsteno (17 km von Dubrovnik) | Tel. +385 20 75 10 60 | trsteno.hr | GPS 42.713884, 17.977468

▸ **Größe:** *ca. 100 Stellplätze*
▸ **Ausstattung:** *Spielplatz, WLAN (auf Teilen des Geländes), Waschmaschinen*

EINGEBUCHTET

Kotor und Umgebung liegen am Fjord – zu bewundern von der Panoramastraße.

Tour F

Schöner wird's nicht
Von Dubrovnik nach Cetinje

Start & Spot **14** **Dubrovnik** ▶ S. 128

54 km

Spot **15** **Herceg Novi** ▶ S. 144

44 km

Spot **16** **Kotor und seine Bucht** ▶ S. 148

55 km

Ziel & Spot **17** **Cetinje** ▶ S. 154

Es wird Zeit, touristisch deutlich weniger ausgetretenen Pfade in Angriff zu nehmen. Während ihr in Montenegro beim ersten Stopp hinter der Grenze in Herceg Novi noch vorwiegend unter Einheimischen umherwandelt, wird's in der historischen Altstadt von Kotor aber schon wieder so richtig lebhaft. Fantastisch ist die Fahrt direkt an der Bucht von Kotor entlang – ein Schlenker mit dem Lenkrad und ihr würdet euch nass machen. Nach dem Luxus-Yachthafen Porto Montenegro geht's hinauf in die Berge mit unfassbaren Aussichten auf die Bucht, dann zum Mausoleum in luftiger Höhe und schließlich zur alten Hauptstadt Cetinje.

Strecke 153 km

Reine Fahrzeit 4 Std.30 Min.

Streckenprofil Gute Asphaltstraßen, doch hinter Kotor wird die Adriastraße sehr eng, viel Zeit einplanen. Die Strecke nach Cetinje durch die Berge ist steil, mit einigen Serpentinen, aber gut ausgebaut und auch mit größeren Fahrzeugen entspannt machbar.

Empfohlene Dauer 8 Tage

Anschlusstouren

E G

FACTS

Tour F im Überblick

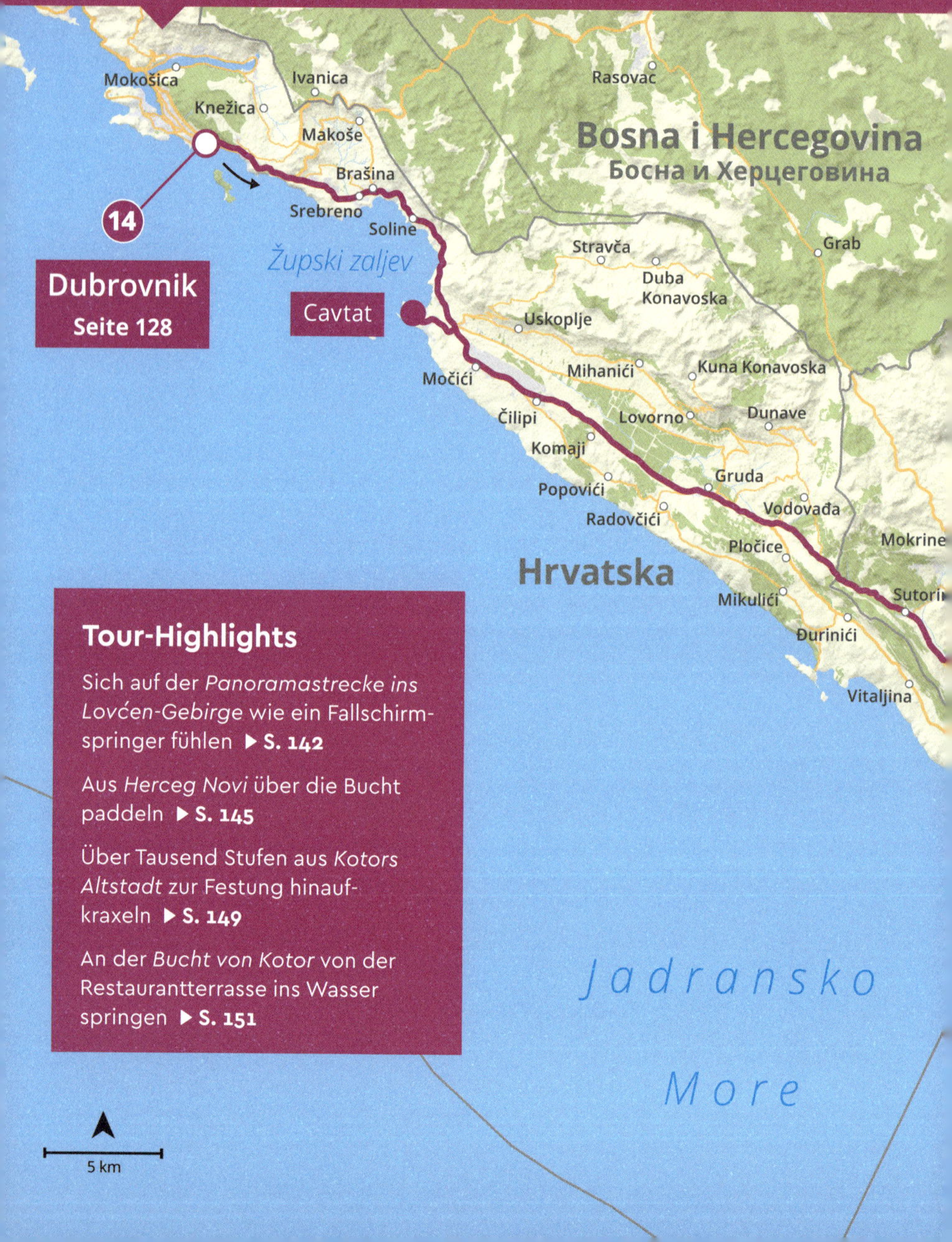

Tour-Highlights

Sich auf der *Panoramastrecke ins Lovćen-Gebirge* wie ein Fallschirmspringer fühlen ▶ S. 142

Aus *Herceg Novi* über die Bucht paddeln ▶ S. 145

Über Tausend Stufen aus *Kotors Altstadt* zur Festung hinaufkraxeln ▶ S. 149

An der *Bucht von Kotor* von der Restaurantterrasse ins Wasser springen ▶ S. 151

Riječani
Брођанац Вилушки /
Broćanac Viluški
Riječani / Рijечани
Vilusi
Kućišta
učija
Nudo
Grahovo
Gornje Polje
Duboki Do
Slano jezero
Riđani
Zeta
NIKŠIĆ
Retencija Vrtac
Broćanac Nikšićki
Bijele Poljane
Cerovo
Crna Gora
Црна Гора
Čevo
Markovina
Velestovo
Ržani Do
Perast und vorliegende Inseln
Risan
Strp
Morinj
Donji Orahovac
Kameno
Kostanjica
Stoliv
Kotor und seine Bucht
Seite 148
odi
Bijela
Prčanj
Dobrota
Vojkovići
15
Kumbor
Verige 65
Bukovica
Njeguši
Đenovići
Tivat
Muo
16
Njegoš-Mausoleum
Herceg Novi
Seite 144
Krašići
Kavač
Trojica
Kuk
Radovići
Đuraševići
Sutvara
Nalježići
17
Oćevići
Zaliv Trašte
Šišići
Nacionalni park Lovćen
Cetinje
Seite 154
Začir
Pobrđe
Gorovići
Kubasi
Lapčići
Obzovica
Brajići
Višnjevo
BUDVA
Boreti
Građani
Pržno
Utrg

F Tourenverlauf

LOS, GEHT'S!

Start & Spot 14

Dubrovnik
Die wohl schönste Festung der Welt ▶ S. 128

20 km Aus dem Zentrum von Dubrovnik heraus geht's auf der oberhalb gelegenen, großen Straße Nr. 8 nach Südosten in Richtung Montenegro. Vorbei an Einkaufszentren, gut zur Aufstockung der Vorräte, fahrt ihr bis Cavtat und dort die Straße, dich sich zum Meer hinunterwindet.

Cavtat

Kroatien verabschiedet sich von euch mit Stil: Cavtat (ausgesprochen in etwa: Zaftat) erstreckt sich über zwei kleine Halbinseln wie zwei Scheren eines Krebses. Genau in die Mitte, ans Ende der Bucht, schmiegt sich der Ortskern, in dem es sich wunderbar elegant und entspannt flanieren lässt. Einen kleinen, ganz ordentlichen Strand (Plaža Cavtat) gibt es auch. Toll ist die Straße Trumbićev put, direkt am Wasser entlang.

Bugenvila
Das Auge isst mit: liebevoll zubereitete, sehr leckere Speisen mit ein wenig Anspruch in Premiumlage. Probiert den schwarze Risotto. Nicht mit Bärenhunger herkommen, denn die Portionen sind trotz der etwas gehobenen Preislage nicht riesig. Die Qualität stimmt aber zu 100 %.

i *Di–So | Put dr. Ante Starčevića 9, Cavtat | Tel. +385 20 47 99 49 | bugenvila.online | €€€*

Beach Bar Banac
Fast mit den Füßen im Wasser genießt ihr hier eure Drinks. Die relaxte Stimmung und die tolle Aussicht nach Westen machen diesen Ort auch zur perfekten Location für eine Sundowner-Sitzung.

i *tgl. bis 24 Uhr | Trumbićev put, Cavtat | Tel. +385 99 439 91 13 | €€*

Insider-Tipp
Um die Minze Rum
Havanna lässt grüßen: ***Mojitos*** *aus Rum, Limette, Sodawasser, Rohrzucker und Minze gibt's hier in verschiedenen Variationen.*

34 km Aus Cavtat schraubt ihr euch wieder hoch auf die Straße 8 und fahrt weiter südöstlich, vorbei am Flughafen Dubrovnik (Zračna luka Dubrovnik) bis zur **montenegrinischen Grenze.** Obwohl es sich um eine EU-Außengrenze handelt, läuft hier alles in der Regel ziemlich reibungslos, besonders für Urlauber. Ausweise und Autopapiere bereithalten. Auf montenegrinischer Seite heißt die Straße jetzt E65. Im Dörfchen Igalo ist das Wasser wieder erreicht, jetzt in Form der Bucht von Kotor. Kurz darauf folgt auch schon Herceg Novi.

Spot 15 **Herceg Novi**
Wo Montenegro Hallo sagt ▶ **S. 144**

17 km Hinter Herceg Novi schwingt sich die E65 nun die ganze Zeit am Ufer entlang, mit allen dazugehörigen Umwegen und Bögen. Eine Abkürzung würde die kleine, ständig fahrende Fähre von Kamenari nach Lepetane bieten. Eure Route führt aber weiter über Land.

Verige 65

Am Landzipfel kurz hinter der Fähre wird die Bucht deutlich breiter und es öffnet sich eine erstklassige Aussicht übers Wasser bis hin zum gegenüberliegenden Ufer mit dem historischen Ort Perast und seinen legendären vorgelagerten Inseln Gospa od Škrpjela und Sveti Đorđe. Der Parkplatz bei diesem **Aussichtspunkt** gehört zum modernen, schicken **Restaurant Verige 65,** in dem inmitten von stylishem Design von

STILVOLL

Cavtat ist die letzte Station an der kroatischen Adriaküste.

KRAFT DES GLAUBENS

Zu Ehren der Gottesmutter haben die Peraster das Inselchen Gospa od Škrpjela künstlich aufgeschüttet.

traditioneller Küche bis hin zu Sushi alles serviert wird. Die Nachtische sind besonders lecker. Ihr könnt euch auch einfach hineinsetzen und mit einem Drink in der Hand diesen besonderen Spot genießen.

tgl. bis 24 Uhr | Kostanjica (E65) 19, Kotor | Tel. +385 67 65 65 75 | verige65.com | €€–€€€

Der Parkplatz ist groß genug, dass auch Nicht-Gäste anhalten und in Ruhe ein paar außergewöhnliche Bilder der Bucht und der Inselchen machen können.

15 km | Die E65 verläuft erst nordöstlich und macht vor Risan eine scharfe Kurve nach Süden. Bei der Einfahrt nach Perast wird es sehr lebhaft.

Perast und vorliegende Inseln

Hier erwartet euch ein erster echter Höhepunkt an der Bucht von Kotor – und das aus verschiedenen Gründen: Die Kleinstadt – in längst vergangenen Zeiten mal ein wichtiges Seefahrerzentrum – hat nicht nur die meisten Sonnenstunden der Region, sondern vor allem einen absolut hinreißenden barocken Ortskern, der größtenteils den Zahn der Zeit unbeschadet überstanden hat beziehungsweise vorbildlich restauriert wurde: Villen, Kirchen (vor allem St. Nikolaus mit ihrem 55 m hohen Glockenturm), schlichte Häuser – alles passt einfach perfekt zusammen.

Ein gemütlicher Spaziergang entlang der Uferpromenade ist ein Genuss ohne Reue. Direkt der Stadt vorgelagert sind zwei außergewöhnliche, zauberhafte und gleichzeitig auch bedeutsame Inselchen: **Gospa od Škrpjela** sowie **Sveti Đorđe.** Erstere (zu Deutsch „Maria vom Felsen") ist ein wichtiger Wallfahrtsort. Die Insel wurde künstlich geschaffen aus – und jetzt kommt's! – gesunkenen Schiffen und Steinen. Schon im 15. Jh. entstand hier eine Kirche, die heutige stammt aus dem 17. Jh. Ganz am Nordzipfel des Inselchens gibt's noch einen Leuchtturm. Auf der zweiten Insel, benannt nach dem heiligen Georg, liegt der gleichnamige katholische Friedhof.

P *Gleich bei der Einfahrt in den Ort werdet ihr von Parkplatzwächtern aufgehalten – wer nicht Einwohner oder Hotelgast im Ort ist, muss hier parken und dafür bezahlen (in der Hochsaison ca. 8 €, sonst auch weniger).*

i *Unzählige Bootstaxis bieten euch Überfahrten auf die Inseln an, besonders nach Gospa od Škrpjela. Meist versuchen schon die Parkplatzwächter, euch Bootstouren aufzuschwatzen. Fragt nach den Preisen und schaut dann ganz in Ruhe im Ortszentrum, welche Touren dort angeboten werden, bevor ihr euch für einen Anbieter entscheidet. Die Überfahrt kostet ab 10 € pro Person, manchmal ist ein privater Parkplatz schon enthalten.*

12 km Die Route wird fortgesetzt, immer am Ufer der Bucht entlang, über Dobrota bis nach Kotor.

Spot **16**

Kotor und seine Bucht

Einfach hinreißend – für Katzen und Menschen ▶ **S. 148**

35 km Aus Kotor nehmt ihr die P22 nach Süden, die auch nach Budva und zu den anderen Orten an der Adriaküste führt. Hinter dem Dorf Škaljari biegt ihr aber nach links in die Berge ab. Auf der Landkarte sieht die hier beginnende Straße P1 mit ihren dichten Serpentinen furchteinflößend aus, fast wie ein Dickdarmabschnitt im Computertomographen. In Wirklichkeit sind es zwar recht enge Kurven mit deutlichen Steigungen, aber alles ist mit etwas Vorsicht und Aufmerksamkeit bestens zu befahren. Nicht immer ist es breit genug für zwei sich entgegenkommende Fahrzeuge, aber es gibt zahlreiche Ausweichbuchten, und bisher musste noch niemand im Rückwärtsgang nach Kotor zurückkehren. Schließlich hören die Serpentinen auf und ihr bleibt jetzt erst einmal in luftiger Höhe. Früher hätte man auf der P1 um den gesamten **Lovćen-Nationalpark** herumfahren müssen. Doch dankenswerterweise wurde die ehemals klitzekleine, namenlose Straße in Richtung Mausoleum und Cetinje erstaunlich großzügig ausgebaut. So könnt ihr nun an der Grenze zum Nationalparks bei der ersten richtigen Kreuzung *(GPS 42.425619, 18.800132)* rechts abbiegen und sehr komfortabel auf breiter Spur weiterfahren mit einigen weiteren tollen Aussichtspunkten auf Kotor und die Bucht. Die Straße mündet am Ende in die bestehende Strecke von Cetinje zum berühmten Grabmal in den Bergen.

Natürlich ist es nicht nur ein Punkt, von dem ihr den Traumblick auf die weit unten liegende Bucht von Kotor genießen könnt. Garantiert geht nach jeder zweiten Haarnadelkurve ein neues „Oh" und „Ah" durch euer Fahrzeug. Und der Weg schraubt sich immer noch höher und höher. Aber um mal eine Stelle festzulegen, die definitiv einen ausführlichen Fotostopp wert ist: Vom Panoramapunkt mit GPS 42.399398, 18.783495 habt ihr die Bucht so im Blick, als würdet ihr im startenden Flugzeug sitzen und der Pilot schon fast die Anschnallzeichen ausschalten. Und die Bucht von Tivat mit dem gut erkennbaren, großen Flughafen gibt´s gleich noch als Aussichtsbonus dazu!

Njegoš-Mausoleum

Das Mausoleum des Dichterfürsten Petar Njegoš ist bestens ausgeschildert. Am Fuß des monumentalen Grabmals parkst du am Straßenrand und holst tief Luft, um die breite Treppe hinaufzusteigen auf den nur 911 m hohen, aber für Montenegriner fast schon sagenhaften **Lovćen-Berg.** „Ist doch gar nicht so dramatisch", denkst du vielleicht am Anfang. Das liegt daran, dass du zunächst nur den unteren Teil der Treppe siehst, der längere, obere Teil verläuft durch einen riesigen Tunnel – angenehm bei Hitze. Insgesamt sind´s 461 Stufen, also deutlich weniger als hoch auf die Festung von Kotor, zudem angenehmer zu gehen, da glatter und gleichmäßiger. Schweißtreibend ist es trotzdem. Beim Hinunterlaufen kommt dann eine Mischung aus Mitgefühl und Schadenfreude auf, wenn dir schnaufende Touristen entgegenkommen und fragen, wie weit es denn noch sei. Oben erwartet dich in einem großer Raum das **Njegoš-Denkmal,** fast wie ein Tempel. Um die Ecke geht eine kleine Treppe hinunter zur eigentlichen **Grabstätte** des Nationaldichters und Fürstbischofs, der vor seinem Tod im Jahr 1851 selbst den Wunsch geäußert hat, hier begraben zu werden. Durch den Hinterausgang führt ein kurzer Weg zu einer **Aussichtsplattform** inmitten der Gipfel des Lovćen-Nationalparks.

Njegošev Mauzolej: Zumindest in der Sommersaison erwartet dich an der Zufahrt eine kleine Straßensperre, an der Nationalpark-Tickets für 5 € pro Person durchs Autofenster verkauft werden. Eintritt Mausoleum: 8 €

Insider-Tipp

Kraft tanken

Am Fuße des Aufstiegs zum Mausoleum findet sich ein kleines, erstaunlich gutes ***Café-Restaurant,*** *perfekt für durstige und hungrige Treppensteiger (GPS 42.399666, 18.837103). Sehr leckerer Kaffee!*

20 km Nun führt der Weg zuerst zurück zur Zahlstelle und dann links ab, auf der alten Hauptstraße bis nach Cetinje (gut ausgeschildert), immer am Rand des Nationalparks entlang.

Spot 17

Cetinje

Die alte Hauptstadt ▶ **S. 154**

Optionaler Anschluss: Tour G

FOTOPAUSE

Unterwegs auf den Panoramastraßen rund um Cetinje

Spot 15

Herceg Novi
Wo Montenegro Hallo sagt

Herceg Novi ist eine dieser Städte, die auf sympathische Weise ganz untouristisch sind. Natürlich kommen hier auch viele Reisende durch – und doch wirst du selbst im engsten Zentrum hauptsächlich Einheimische treffen. Eine wirklich authentische Begrüßung in diesem Land. Zudem ist's hier angenehm grün, nicht zuletzt dank des riesigen Parks Hotela Boka. „Blumenstadt" nennt man sich auch stolz, jeden Februar wird ein großes Mimosenfestival gefeiert.

P *Parkplätze gibt's eigentlich genug. In direkter Zentrumsnähe liegt ein Parkplatz mit Schranke, sicher und mit 1,50 €/Std. gut bezahlbar: Njegoševa 31-25, GPS 42.453229, 18.531714.*

KATZENSPRUNG

Im Nu hüpfst du vom Hafen die Treppen hoch zur Erzengel-Michael-Kirche.

AKTIVITÄTEN & SIGHTSEEING

1 Durch die Altstadt langsam zur Burg hochsteigen

Der mittelalterliche Stadtkern ist äußerst übersichtlich und trotzdem, oder gerade deswegen, sehr charmant. Los geht's am Ende der Ulica Nikole Đurkovića: Hinauf durchs Tor unterm **Uhrenturm** und schon heißt es Treppen steigen. Besonders sehenswert ist die über 100-jährige, orthodoxe **Erzengel-Michael-Kirche** am Trg Herceg Stjepana. Nach vielleicht 15 Min. Beinarbeit ist **Kanli Kula** erreicht, eine im 16. Jh. von den Türken erbaute Festung mit erstklassigem Blick auf Altstadt und Bucht. ***Infos:*** *Kanli Kula: tgl. 9–20 Uhr | 4 € | Prve Bokeške brigade, GPS 42.452605, 18.538414, Herceg Novi*

2 Überm Hafen herumklettern in der Festung Forte Mare

Unten am Wasser spaziert es sich nett über die Strandpromenade und am Hafen entlang. Über diesem thront stolz eine mächtige Burganlage aus dem Mittelalter. Drinnen gibt's außer einem ca. 15-minütigen Film nicht viel zu sehen, aber allein das Gelände zwischen den alten Mauern und vor allem das Panorama sind den Eintritt wert. ***Infos:*** *tgl. 10–20 Uhr | 4 € | GPS 42.450179, 18.536225, Herceg Novi*

3 Den Zauber des Klosters Savina wirken lassen

Dieser besondere Leckerbissen ist nicht nur unglaublich schön in die Landschaft eingebettet, sondern auch unbedingt wert, von innen in Augenschein genommen zu werden. Genießt die meditative Ruhe auf dem Innenhof, die Malereien an den Wänden der Klosterkirche, den historischen Friedhof und natürlich die Aussicht. ***Infos:*** *tgl. Sonnenauf- bis untergang | Eintritt frei | manastirsavina.org.*

4 Einmal über die große Bucht paddeln

Keine Frage, die **Boka-Bucht** vor Herceg Novi ist wie geschaffen für Bootstouren. **Kayak Herceg Novi** bietet u. a. mehrstündige Ausflüge zum schicken Örtchen **Rose** auf der Halbinsel Luštica an. Dort ist auch eine witzige U-Bootstation zu besichtigen. **Infos:** *Ausflug nach Rose 45 €/Pers. | Šetalište Pet Danica, Herceg Novi | Tel. +382 67 53 13 66 | kayak-hercegnovi.com*

REGENTAG – UND NUN?

5 Im Museum die Stadt hautnah kennenlernen

Eine klassische Ausstellung zur Lokalgeschichte, die dir auf angenehme Weise das Leben, Lieben und Arbeiten der Menschen aus dieser Gegend nahebringt – und dich die Region gleich ein bisschen besser verstehen lässt: Instrumente, Kostüme, Werkzeuge. Schon der Weg zum **Stadtmuseum Mirko Komnenović** ist hübsch: durch einen Park mit Blick auf die Stadt. Das Gebäude selbst hat ebenfalls historischen Wert. ***Infos:*** *Gradski muzej Mirko Komnenović: Mo–Sa 8–20 Uhr | 4 € | ul. Mirka Komnenovica 9, Herceg Novi | mighn.me*

Insider-Tipp

Steht auf, wenn ihr Paddler seid!

Bei Kayak Herceg Novi gibt's auch ***SUP-Boards*** *für Stehaufmännchen und -weibchen (10 €/Std.).*

ESSEN & TRINKEN

6 Pasta di Bocca

Hier gibt's noch echte Hausmannskost ohne Schnickschnack und ohne Kompromisse. Dabei schmeckt's großartig und kostet richtig wenig. Das Besitzerpaar hat meist ein Lächeln auf den Lippen und kocht vor allem für einheimische Stammgäste. Wie der Name des Lokals schon verrät, dreht sich alles um die selbst gemachte Pasta in unterschiedlichen Variationen. Dazu kommt noch die witzige, eigensinnige Einrichtung mit bunten Möbeln, unzähligen Pflanzen und viel Liebe! ***Infos:*** *Mo–Sa 9–23 Uhr | Stepenište 28. Oktobra 2, Herceg Novi | Tel. +382 68 54 40 26 | Facebook: Pastadibocca | €*

7 Bife Beograd

Gleich am Eingang zur Altstadt liegt dieses günstige, nach der serbischen Hauptstadt benannte Restaurant mit wirklich schöner Aussicht von der Terrasse. Neben Touristen sind hier auch jederzeit viele Locals zu Gast – ein sehr gutes Zeichen. Die Atmosphäre ist entspannt, der Service sehr freundlich, flott und englischsprachig, sogar der Kaffee schmeckt erstaunlich gut. Ein Rundum-wohlfühl-Erlebnis. ***Infos:*** *tgl. | Njegoševa 38, Herceg Novi | Tel. +382 69 03 30 40 | €–€€*

8 Pub Got

Eine urgemütliche Kneipe mitten im Stadtzentrum, in der Rock-, Jazz- und Bluesmusik ertönt. In diesem Lokal wird

HIGHLIGHT

Wo lässt es sich schöner paddeln als in der Bucht von Kotor?

tatsächlich nichts zum Essen angeboten. Aber Nahrung kann ja bekanntlich auch flüssig sein! ***Infos:*** *Mo–Sa 8–1, So 16–1 Uhr | Stepenište 28. Oktobra 8, Herceg Novi | Facebook: pubgotmontenegro | €–€€*

EINKAUFEN

9 Boutique Bali

Kleines Geschäft am Hafen für Damenmode und Accessoires – lässig und stilvoll, mit kreativen Ideen. Einfach mal stöbern! ***Infos:*** *Mo–Sa | Šetalište Pet Danica, GPS 42.451167, 18.533436, Herceg Novi*

STELL- & CAMPINGPLÄTZE

10 Nettes, deutschsprachiges Camp in Stadtnähe

Direkt an der Durchfahrtsstraße Richtung Kotor-Bucht – Herceg Novi ist per Rad oder vorbei an den Stränden sogar zu Fuß zu erreichen. Recht einfach, aber sauber mit den wichtigsten Sanitäranlagen. Dušan ist ein äußerst hilfsbereiter Betreiber, der ankündigt, weiter in den Platz zu investieren. Günstige Preise. Viel Schatten.

Autocamp Zelenika

€ | Zelenika 9a, Zelenika (4 km von Herceg Novi) | Tel. +382 68 03 11 77 | GPS 42.454022, 18.568905

- **Größe:** *ca. 85 Stellplätze*
- **Ausstattung:** *WLAN, Strom, Kühlschränke, keine volle Ver- und Entsorgung*

11 Die Alternative an der Bucht mit Versorgung

Trotz der Lage neben der großen Durchfahrtsstraße E65 in Richtung Kotor ist es hier schön naturbelassen und zumindest nachts sehr ruhig. In der Hauptsaison kann es voll werden, da es in diesem Teil von Montenegro wenig Auswahl an guten Campingplätzen gibt. Deswegen zur Sicherheit reservieren!

Camping Zlokovic

€ | Jošica (E65), Bijela (13 km von Herceg Novi) | Tel. +382 67 26 03 83 | GPS 42.457133, 18.662849

- **Größe:** *ca. 50 Stellplätze, 2 Mietunterkünfte*
- **Ausstattung:** *WLAN, Aufenthaltsraum, Imbiss, Waschmaschinen*

Spot 16

Kotor und seine Bucht

Einfach hinreißend – für Katzen und Menschen

Mit seiner großartigen Altstadt hinter dicken Mauern und dem felsigen Bergpanorama vor blauem Wasser ist Kotor unbestritten das Städtehighlight von Montenegro. Und dann noch die Festung hoch oben über dem endlosen Treppenweg … Die Bucht zu deinen Füßen hat einen gewaltigen Wow-Effekt, hautnah zu erleben von der äußerst schmalen Küstenstraße, die sich hinter Kotor durch winzigkleine Dörfer die Riviera entlangschlängelt. Mit Tivat und dem Luxushafen Porto Montenegro wird das Gesamtpaket würdig zu Ende geschnürt.

P *Ein geräumiger Parkplatz liegt in Spazierweite zur Altstadt, aus Norden kommend hinter der ersten und direkt vor der zweiten Brücke über die Scurda nach links (GPS 42.426497, 18.769928). Ticket ziehen an der Schranke bei der Einfahrt.*

WASSERFEST

Auf der schmalen Straße von Kotor nach Tivat rollen deine Räder schon fast durch die Adria.

AKTIVITÄTEN & SIGHTSEEING

1 Begeistert durch die Festungsstadt schlendern

Das Besondere in der kleinen, von wehrhaften Mauern eingefassten **Altstadt** sind die Katzen: Überall liegen sie herum, fläzen sich, strecken sich, tigern umher – wohlgenährt und selbstsicher. Highlights sind die drei **Stadttore** (Fluss-, Meeres- und Gurdić-Tor), die **Sankt-Tryphon-Kathedrale** sowie der hübsche Mehlplatz *(Trg od brašna)* mit dem kleinen, aber schicken **Pimapalast.** Achtung: Wenn große Cruise-Schiffe im Hafen anlegen, wird es für einige Stunden sehr voll.

2 Die 1350 Stufen zur San-Giovanni-Burg hochhecheln

Neben dem nördlichen Stadttor Vrata od Rijeke geht's los auf der alten Stadtmauer, deren Bau schon im 9. Jh. begann. Vorbei an der orthodoxen Kirche **Crkva Gospe od zdravlja** gilt es 280 Höhenmeter zu überwinden auf steilen Treppen, teils abgenutzt oder uneben. Tut euch das auf keinen Fall in der Mittagshitze an. Aber oben angelangt ist das Panorama von der Festung definitiv atemberaubend. ***Infos:*** *Fort Sveti Ivan: tgl. 8–20 Uhr | 10–15 € | Kotor*

Insider-Tipp
Kein Ende in Sicht

*Die Festung wird nachts nicht abgeschlossen. Genießt also an langen **Sommerabenden** das Panorama kostenlos! Aber lieber nicht im Dunkeln – Verletzungsgefahr!*

3 In der Seilbahn der Stadt entschweben

Von der Talstation gleich außerhalb der Stadtgrenze geht's in nur 11 Minuten ins Lovćen-Gebirge mit fantastischen Blicken auf Tivat und Kotor. Rund 25 Mio. Euro hat diese neueste Errungenschaft Kotors gekostet. ***Infos:*** *Kotor Cable Car: GPS 42.395563, 18.746966 | tgl. 9–21 Uhr | 23 € hin und zurück | kotorcablecar.com*

4 In die Bucht hinausgleiten

Aus der Bucht von Kotor darf keiner weg, bevor er nicht mit dem Boot gefahren ist. Am besten ein Kajak mieten und herumpaddeln zu historischen Inseln und Häfen. Oder schließ dich einer der geführten Touren von **Kotor Bay Tours** an. ***Infos:*** *255 Dobrota, Donji Put, Kotor | Tel. +382 69 15 20 15 | kotorbaytours.com*

5 Über die Promenade nach Dobrota radeln

Nicht auf dem Hauptverkehrsweg, sondern auf superschmalen Sträßchen direkt am Wasser vorbei an Restaurants, Cafés, Kirchen und Mini-Stränden geht's einmal ins Nachbarörtchen und zurück. ***Infos:*** *hin und zurück per Rad ca. 1 Std., zu Fuß 2 Std. | Radverleih bei Kotor Bay Tours (▶ Punkt 4) 15 €/Tag*

6 Vom Strand in Verige die Yachten beobachten

Natürlich gibt's hier keine tollen Sandstrände, aber die Lage ist unwiderstehlich: An der engen Einfahrt in die Bucht ziehen die Schiffe direkt an euch vorbei, es gibt eine Reihe Schattenplätze auf den Terrassen und das hippe **Verige Beach Restaurant** bereitet leckere Speisen zu. Auch viele Einheimische kommen hierher. ***Infos:*** *GPS 42.475091, 18.688319 (11 km von Kotor)*

Kraxelt bei Verige an der Nordspitze der Halbinsel hinunter zur winzigen Kirche Gospa od Anđela (GPS 42.477245, 18.690275). Was für ein Fotomotiv!

7 Den Premium-Hafen Porto Montenegro kapern

Die Stadt Tivat besitzt ein Mini-Zentrum samt Uhrenturm, doch die Mega-Attraktion beginnt am Wasser: der riesige Nobel-Yachthafen Porto Montenegro, 2009 eröffnet und weiterhin im Bau. Die breite, kilometerlange Promenade ist so schnieke, dass man kaum glauben mag, das auch Normalsterbliche überall Zutritt genießen. Vor dem Luxus war hier eine Marinewerft und am Nordende des Areals erinnert das **Naval Heritage Collection Museum** mit einem sehenswerten, riesigen U-Boot an jugoslawische Zeiten. Ein echter Insider führt euch durchs Tauchboot,in dem Knöpfe und Hebel zum Teil noch funktionieren. ***Infos:*** *portomontenegro.com; Museum: Di–Sa 9–17 Uhr | 5 € | Setaliste kroz Porto Montenegro, GPS 42.437608, 18.693585, Tivat*

8 Die Halbinsel Luštica erkunden

Immer noch ein Geheimtipp, auch wenn dort inzwischen sogar Luxusresorts entstehen. Doch der Großteil dieses Landstrichs ist weiterhin sehr wild, ursprünglich und voll von Olivenhainen. Nehmt die nördliche Straße mit tollem Panoramablick auf Tivat und Porto Montenegro. Ein schönes Ziel ist der kleine, schattige Kieselstrand **Plaža Krašići.** ***Infos:*** *GPS 42.414435, 18.635583*

ESSEN & TRINKEN

9 Konoba Scala Santa

Definitiv eines der besten Restaurants der Altstadt – aber in einer völlig moderaten Preisklasse. Idyllisch gelegen an einem kleinen Plätzchen ist es zur besten Abendessenzeit sehr beliebt. Die Fischplatten sind erste Sahne, auch Muschelesser werden hier glücklich. ***Infos:*** *tgl. | Trg od Salate, Stari Grad, Kotor | Tel. +382 67 39 34 58 | €€–€€€*

REGENTAG – UND NUN?

10 Kotors Signature-Tier im Museum nachspüren

Wer nicht so verrückt nach Katzen ist, wird vielleicht einen Moment zögern, aber Kotor und Katzen – das muss einfach sein. Im **Kotor Cats Museum** wurde alles Mögliche rund um die geschmeidigen Tierchen gesammelt: Drucke, Plakate, Medaillen, Postkarten, Fotos, Briefmarken – in vielen Fällen von historischem Wert. Natürlich tummeln sich in dieser kleinen Ausstellung auch ein paar lebendige Exemplare zum Streicheln. Kein großes Event, aber ein Besuch, der auch Kindern Spaß macht. ***Infos:*** *tgl. 10–18 Uhr | Trg svete Gospe od Anđela, Stari Grad 371, Kotor | 1 € | catsmuseum.org*

11 Niente Cafe Bar

Super gemütliches Café mit hipper Atmosphäre nahe dem Gurdić-Festungsturm. Es gibt außer leckeren Kaffeevariationen auch Snacks, Cocktails und Drinks. Und das von morgens bis spätabends. ***Infos:*** *tgl. | Stari Grad 266, Kotor | Tel. +382 67 40 85 17 | €–€€*

12 Bakery Mamma Mia

In diesem Imbiss in der Altstadt bekommt ihr Pizzastücke, Burek und weitere Backwaren frisch aus dem Ofen, süß und herzhaft. Auch für Vegetarier ist einiges dabei. Sogar Eis und Kaffee gehören zum Sortiment. ***Infos:*** *tgl. | Tabacina, GPS 42.424417, 18.770337, Stari Grad, Kotor | Tel. +382 67 06 77 79 | keine Kartenzahlung | €*

13 Marshall´s Gelato

Das hausgemachte Eis schmeckt hier einfach großartig. Schon wenn die teils ungewöhnlichen Sorten genau erklärt werden, läuft euch das Wasser im Mund zusammen. Probiert unbedingt Salty Pistachio! Alle Eissorten sind übrigens glutenfrei. ***Infos:*** *Stari Grad 359A, Kotor | Tel. +382 69 52 18 71 | marshallsgelato.com | €€–€€€*

14 Marius

Balkanküche mit italienischem Einfluss, besonders lecker: die frischen Meeresfrüchte. Aber in die Restaurantterrasse auf dem klitzekleinen Strand kommt man vor allem wegen des Ausblicks. ***Infos:*** *tgl. ab 12 Uhr | Jadranska magistrala, GPS 42.462916, 18.736751, Prčanj (7 km von Kotor) | €€*

Insider-Tipp

Wenn die Adria ruft

Hier darf man sogar in Badeklamotten beim Essen sitzen, um buchstäblich vom Tisch ins Wasser springen zu können.

SIEBEN LEBEN

Sehr selbstbewusste Katzen begleiten euch in Kotor auf Schritt und Tritt.

EINKAUFEN

15 Cornelia Souvenir

Die Andenkenläden geben sich in der Altstadt natürlich die Klinke in die Hand, doch dieser sticht doch positiv heraus mit seinem freundlichen und zuvorkommenden Personal und den sehr schön in alten Steinmauern präsentierten Andenken. ***Infos:*** *tgl. | Stari Grad 448, Kotor*

16 Bauernmarkt

Verlasst die Altstadt durch das Meerestor *(Vrata od mora)* in Richtung Hafen, ohne die befahrene Uferstraße zu überqueren. Gleich an der Stadtmauer bauen täglich die Bauern und Händler der Region ihre Obst- und Gemüsestände auf. Auch Olivenöle, sehr leckerer Käse und Weine sind auf dem *pijaca*, wie er auf Montenegrinisch heißt, zu haben. ***Infos:*** *tgl. von frühmorgens bis ca. 15 Uhr | GPS 42.424089, 18.770296, Kotor*

AUSGEHEN & FEIERN

17 Authentic Pub Bandiera

Ein wenig alternative Kneipe mit cooler Musik, guten Cocktails und diversen Bieren. Oft gut besucht, denn sie ist auch bei Einheimischen beliebt, die sich sonst nicht in die Altstadtlokale verirren. ***Infos:*** *tgl. (bei Bedarf bis ca. 1 Uhr) | Ulica 2 (sjever-jug), GPS 42.423175, 18.771708, Kotor | €*

18 The Nitrox Pub & Eatery

Dieses originelle Lokal mit angenehmer Musik bietet leckere kleine Speisen, von süß bis salzig. Doch es hebt sich vor allem durch sein Bier hervor: Fast überall in Montenegro wird Nikšićko serviert. Das ist zwar völlig OK, aber umso besser schmeckt hier das Selbstgebraute. Familiäre Stimmung: Die Besitzer servieren persönlich. ***Infos:*** *tgl. bis 1 Uhr | Stari Grad 263, Kotor | thenitroxpub.com | €€*

UNSCHLAGBAR

Ein Stellplatz direkt an der Bucht von Kotor

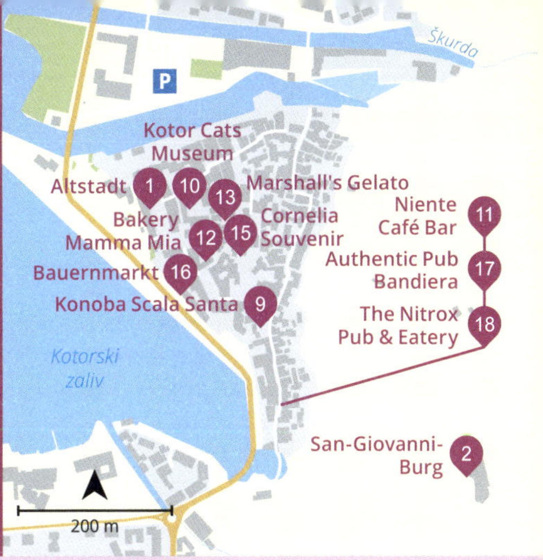

STELL- & CAMPINGPLÄTZE

19 Hier werden Freundschaften geschlossen

Kleiner, sympathischer Platz an der schmalen Adriastraße wenige Meter vom Mini-Strand mit Restaurantterrassen. Die Sanitäranlagen sind bescheiden, die Stellplätze besonders in der ersten Reihe hervorragend und der Besitzer mit seiner Herzlichkeit und Gastfreundschaft fast schon legendär. Gleich daneben ein weiterer kleiner Platz: Autokamp Kascelan.

Camping Mimoza

€–€€ | Jadranska magistrala, Donji Stoliv (9 km von Kotor) | Tel. +382 67 33 99 15 | GPS 42.471950, 18.707544

- **Größe:** *15 Stellplätze*
- **Ausstattung:** *WLAN, Restaurant, keine Chemie-WC-Entsorgung*

20 Stadt, Bucht und Kreuzfahrer im Blick

Es ist eigentlich nur ein großer Parkplatz ohne Entsorgung, Stromanschlüsse oder Duschen, aber fußläufig zur Altstadt und gleichzeitig direkt am Wasser mit kleinem Strand vor der Womo-Tür. Bootstouren beginnen auch hier. Im Café Bife Bahus nebenan kann man tagsüber für einen Obolus die Toilette benutzen.

Bex Campground

€ | Njegoševa, Škaljari | Tel. +382 68 06 76 71 | GPS 42.421924, 18.764302

- **Größe:** *ca. 30 Stellplätze*
- **Ausstattung:** *Laden und Café direkt daneben*

21 Campen auf dem Bauernhof

Gar nicht so weit vom Trubel der Küste – und doch eine ganz andere Welt hier in der ungestörten Natur, ein wenig erhöht gelegen. Steile Anfahrt, für Campingbusse und kleinere Wohnmobile aber machbar. Der Platz ist sehr einfach mit Komposttoiletten. Hier läuft alles freiwillig: Mitarbeiter sind ehrenamtlich.

Agape Farmstay & Campsite

€–€€ | Lješevići, Lješevići (11 km von Kotor) | Tel. +382 69 14 95 67 | Facebook: agapefarmcamp | GPS 42.371133, 18.726423

- **Größe:** *5–10 Stellplätze*
- **Ausstattung:** *teilweise WLAN, Lagerfeuerplatz, Kochgelegenheit, Abendessen auf Bestellung*

Spot 17

Cetinje
Die alte Hauptstadt

Ja, Cetinje hat schon mal wichtigere und bedeutsamere Zeiten erlebt. Die alte königliche Kapitale von Montenegro ist formal zur Provinzstadt ohne Titel abgestiegen. Dankenswerterweise gibt es einige der alten, ehrwürdigen Gebäude noch, darunter ehemalige Botschaften und ein stattliches, sehr sehenswertes Kloster. Hinzu kommt eine kleine Innenstadt zum Flanieren. Und auch die Umgebung hat neben dem im Tourenverlauf beschriebenen Lovćen-Gebirge (▶ S. 142) noch mehr zu bieten.

EINKEHR

Die alte Hauptstadt Cetinje ist vor allem wegen ihres Klosters beliebt.

AKTIVITÄTEN & SIGHTSEEING

1 Im Kloster Cetinje die orthodoxe Welt eintauchen

Das gewaltige serbisch-orthodoxe Kloster aus dem frühen 18. Jh. mit zugehörigem Park ist ein wunderbares Spazierziel am Rande der Innenstadt – besonders, wenn ihr euch mit den Gepflogenheiten, Ritualen und vor allem der Atmosphäre der beherrschenden Religion Montenegros vertraut machen wollt. ***Infos:*** *tgl. | Eintritt frei | Beine und Oberarme vorm Eintritt ins Klostergelände bedecken! Alle, die gerade nichts zur Hand haben, können vor Ort Tücher leihen.*

2 Das alte und das neue Cetinje ablaufen

Die **Njegoševa-Straße** beginnt als stinknormale Fußgängerzone, wird aber im südlichen Bereich fast schon zur Flaniermeile. Außer Cafés und Restaurants säumen einige hübsche historische Gebäude den Weg: der Djukanovicpalast, der **König-Nikola-Palast** und die **Biljarda-Palast** genannte ehemalige Residenz des Dichterfürsten Petar Njegoš. Die beiden letzteren liegen am Dvorski Trg und gehören zum Nationalmuseum Montenegros (▶ Punkt 5).

3 In der Lipa-Höhle Tropfsteinwunder erleben

Die Karsthöhle ist ein echter Höhepunkt der Umgebung. Über 2 km unterirdischer Wege sind begehbar, es gibt fantastische Tropfsteinformationen zu sehen, die von einem sehr engagierten Team professionell und freundlich in gutem Englisch präsentiert werden. Die einstündige Tour ist völlig ausreichend. Allein schon die Anfahrt durch die einsame und wilde Natur ist ein Erlebnis, der Ausblick vom Parkplatz auf den fernen Skutarisee beeindruckend. Warm anziehen! Drinnen zieht es ganz schön kühl. ***Infos:*** *April–Nov. tgl. 3–5 Touren (Zeiten auf der Website) | ab 15 € | GPS 42.367035, 18.953012 (5 km von Cetinje) | lipa-cave.me*

4 Über die alte Steinbrücke von Rijeka Crnojevića schreiten

Nicht schrecken lassen von den Gebäuderuinen in diesem ungewöhnlichen Dörfchen an der letzten Spitze des Skutarisee-Ausläufers. Das Zentrum ist mit einigen alten Häusern und urigen Restaurants richtig schnuckelig. Besonders wegen der historischen Steinbrücke, die

REGENTAG – UND NUN?

5 Den Glanz der royalen Hauptstadt bestaunen

Seit über 120 Jahren präsentiert das **Nationalmuseum Montenegros** in seinem altehrwürdigen Gebäude die bewegte und international wenig bekannte Geschichte des Landes. Im ersten Stock gibt es eine Kunstausstellung mit Werken montenegrinischer Künstler und einigen Ikonen, darunter eine echte Berühmtheit in der orthodoxen Welt. ***Infos:*** *Mo–Fr 7–15 Uhr | Novice Cerovića, Cetinje | 5 €, Kombiticket für fast alle Museen der Stadt 20 € | narodnimuzej.me*

sich anmutig über den Wasserlauf biegt, der genauso heißt wie der Ort. ***Infos:*** *17 km von Cetinje*

*Fahrt unbedingt noch gut 3 km weiter zum **Pavlova Strana Viewpoint** mit irrem Blick auf den riesigen Skutarisee.*

ESSEN & TRINKEN

6 Restoran Cetinje

Klassische, leckere und günstige Hausmannskost im Zentrum von Cetinje. Wo, wenn nicht hier, habt ihr die Gelegenheit, Ćevapčići und Pljeskavica so zu probieren, wie es die Einheimischen essen? Denn selbst die Touristen sind in Cetinje zumeist aus Montenegro oder Serbien. Auch der Service ist gut und flott. ***Infos:*** *tgl. | Baja Pivljanina 27, Cetinje | Tel. +382 67 80 74 85 | €–€€*

7 Caffe NYC

Cetinje und New York – auf den ersten Blick ein unerwartetes Pärchen. Außer ordentlichem und recht günstigem Kaffee gibt's hier Frühstück und dann bis spät abends simple, leckere Speisen von Pizza bis Pfannkuchen. ***Infos:*** *tgl. ab 7.30 Uhr | Balšića Pazar 3, Cetinje | Tel. +382 69 08 70 88 | €*

8 Scottish Pub Academia

Auch abends muss im beschaulichen Cetinje niemand verdursten: Bis in die Nacht fließen in dieser klassisch-angenehmen Kneipe mit schottischem Touch das Bier und sonstige Gute-Laune-Getränke. Das einfache Essen wie Burger und Sandwiches ist ebenfalls vollkommen in Ordnung. ***Infos:*** *tgl. bis 1 Uhr | Njegoševa 18, Cetinje | Tel. +382 67 31 69 07 | €€*

HISTORISCHER BOGEN

Im Autokamp Rijeka Crnojevića träumt man selig, gleich neben der alten Brücke.

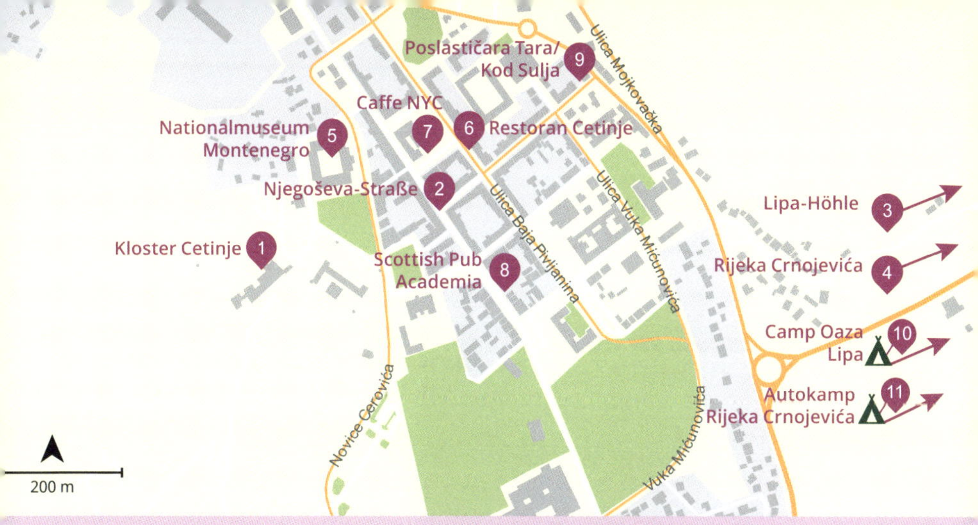

EINKAUFEN

9 Poslastičara Tara/Kod Sulja

In dieser Konditorei ersteht ihr nicht nur exzellente Kuchen und Torten – darunter einen wirklich guten Käsekuchen –, sondern auch Herzhaftes. ***Infos:*** *tgl. ab 7 Uhr | Ivanbegova 54, Cetinje | Tel. +382 68 43 33 42 | Facebook: kodsulja*

Insider-Tipp

BBF – Best Burek Forever

*Indianerehrenwort: Die gefüllten **Blätterteig-Bureks** sind hier unübertrefflich!*

STELL- & CAMPINGPLÄTZE

10 Zu Besuch beim Höhlenmenschen

Kleiner Campingplatz direkt an der Lipa-Höhle und nah an Cetinje sowie den Zielen in Richtung Skutarisee. Auf den habt ihr vom Camp einen tollen Weitblick. Einfache Sanitäranlagen, dafür aber eine familiär-freundliche Atmosphäre, ruhig und völlig naturbelassen mit vielen Blumen und Bäumen.

Camp Oaza Lipa

€ | 5 km von Cetinje | Tel. +382 68 03 32 19 | Facebook: Camp Oaza Lipa | GPS 42.367035, 18.953012

- **Größe:** *ca. 20 Stellplätze*
- **Ausstattung:** *keine Entsorgung, Imbissbar, Kiosk, Frühstücksbüffet, Kochgelegenheit, Lagerfeuer- und Grillplatz, Gemeinschaftsterrasse*

11 Schlafplatz bei der alten Brücke

Einfacher Stellplatz auf einer Wiese am Fluss nahe beim kleinen Ort. Einfache Sanitäranlagen, aber freundliche Betreiber, die euch z. B. beim Organisieren spannender Bootstouren helfen. Fast direkt daneben gibt es einen weiteren guten Platz, The Camp, mit netter Mannschaft und sehr einfacher sanitärer Ausstattung.

Autokamp Rijeka Crnojevića

€ | Rijeka Crnojevića (17 km von Cetinje) | Tel. +382 68 57 77 72 | autocamp-montenegro.com | GPS 42.355118, 19.027937

- **Größe:** *ca. 30 Stellplätze*
- **Ausstattung:** *keine Entsorgung, WLAN, Bootstouren, Restaurants in Spaziernähe*

FERNSICHT

Der Ausläufer des Skutarisees schlängelt sich durch die Bergwelt Montenegros.

Tour G

Südländische Küste und gigantischer Canyon
Von Cetinje nach Žabljak

Start & Spot 17 Cetinje ▶ S. 154

32 km

Spot 18 Budva ▶ S. 170

72 km

Spot 19 Ulcinj ▶ S. 174

81 km

Spot 20 Virpazar und der Nationalpark Skutarisee ▶ S. 178

169 km

Ziel & Spot 21 Žabljak und der Nationalpark Durmitor ▶ S. 182

Auf dieser letzten Tour wird den Reisenden noch einmal eine geballte Portion Montenegro-Power entgegengeworfen: Zuerst bezaubert der südliche Teil der Adriaküste bei Budva und Ulcinj mit zwei spannenden Städten, einer spektakulären Insel und einem riesigen Strand. Dann folgen ein Mega-See, der zwei Länder verbindet, ein in die hohen Felsen gehauenes Kloster und schließlich ein Bergstädtchen, das sich zum Hotspot für Outdoor-Fans gemausert hat durch abenteuerliche Wanderungen, Raftingtouren durch eine gigantische Schlucht und halsbrecherische Zipline-Sausen.

Strecke 354 km

Reine Fahrzeit 4 Std.

Streckenprofil Meist gute Asphaltstraßen, nur Panoramastrecken am Skutarisee und im Durmitor-Nationalpark teils sehr schmal. Um ausweichen zu können, sollte man geübt sein.

Empfohlene Dauer 9 Tage

Anschlusstour F

FACTS

Tour G im Überblick

Tour-Highlights

Sich am *Velika Plaža*, Montenegros größtem Strand, im Sand fläzen ▶ **S. 166**

Von der Altstadt in *Budva* direkt auf den Strand stolpern ▶ **S. 170**

Per Boot zur *Festungsinsel Grmožur* auf dem riesigen Skutarisee übersetzen ▶ **S. 179**

Eine spritzige Raftingtour im tiefen Canyon der *Tara-Schlucht* unternehmen ▶ **S. 183**

Auf der Panoramastrecke durchs *Durmitor-Gebirge* fahren ▶ **S. 183**

Nacionalni Park Drumitor
Бродарево
Србија
Gacko
Plužine
21
Žabljak und der Nationalpark Durmitor
Seite 182
Potkrajci
BIJELO POLJE
Šavnik
Mojkovac
Crna Gora
Црна Гора
Berane
Rastovac
Krupačko jezero
NIKŠIĆ
Kolašin
Slano jezero
Andrijevica
Felsenkloster Ostrog
Regionalni park prirode Komovi
Cetinje
Seite 154
Danilovgrad
Gusinje
Risan
Perast
rceg Novi
Dobrota
17
Podgorica
Tivat
Kotor
Rijeka Crnojevića
Shqipëria
Tuzi
Budva
Seite 170
18
20
Virpazar und der Nationalpark Skutarisee
Seite 178
Insel Sveti Stefan
Rijeka Reževići mit Presjeke-Strand
Sutomore
Skadarsko Jezero
Liqeni i Shkodrës
Bar
Stari Bar
Liqeni i Vau i Dejës
Buljarica mit Kloster Gradiste
Vau i Dejës
Ulcinj
Seite 174
19
Insel Ada Bojana
Velika Plaža (Großer Strand)
Shëngjin

G Tourenverlauf

LOS GEHT'S!

Start & Spot **17**

Cetinje
Die alte Hauptstadt ▶ **S. 154**

32 km | Die große Straße M10 bringt euch in südlicher und dann in westlicher Richtung trotz einiger Kurven und abschüssiger Strecken schnell zurück aus den Bergen an die Adriaküste und hinein in die größere Stadt Budva. Von unterwegs genießt ihr schöne Aussichten aufs direkt unter euch liegende Meer.

Spot **18**

Budva
Die Festung am Strand ▶ **S. 170**

10 km | Aus Budva hinaus wählt ihr die E80/M1, also die Küstenstraße nach Südosten bis zum Abzweig zur berühmten Halbinsel Sveti Stefan.

Insel Sveti Stefan

Eine Insel, auf die ihr nicht einmal raufdürft, als eines der Highlights an Montenegros Küste? Na gut, aber wartet, bis ihr Sveti Stefan mit eigenen Augen gesehen habt. Großartiger kann ein Fleckchen Erde nicht im Wasser liegen. Und dankenswerterweise lässt es sich sehr schön von oben bewundern, weil das Land, wie so oft in Montenegro, sofort an der Küste steil aufsteigt. Betreten dürfen das Eiland nur Anwohner und Hotelgäste dieser privaten Luxusanlage. Es gibt auch Führungen, die aber nicht unbedingt sein müssen. Normalsterbliche Womo-Piloten dürfen aber trotzdem rechts abbiegen und die kurvige Straße hinunterfahren bis zum Parkplatz (unterwegs gibt´s immer neue, interessante Perspektiven), um auf Wasserniveau ein wenig um das gesamte Areal herumzuschleichen. Praktischerweise gibt's dort gleich noch einen guten Strand, Plaża Sveti Stefan – im Sommer zwar voll, aber mit Wahnsinnsblick auf die Insel.

P *Parkplatz unten: E-65 Parking | 4 €/Std. | GPS 42.255880, 18.895092*

Haltet gleich oben an der Straße E80 beim ausgeschilderten Panorama-Parkplatz an (GPS 42.258219, 18.896055). Hier bekommt ihr die Hotelinsel mit dem langen Zufahrtsdamm in Gänze in den Kasten.

4 km | Zurück auf der E80 bewegt ihr euch nun weiter in Richtung Süden.

Rijeka Reževići mit Presjeke-Strand

Dieses kleine Dorf ist weniger überlaufen als die meisten anderen Strandorte des Landes. Das liegt daran, dass es ein wenig ungewöhnlich aufgebaut ist. Biegt einfach rechts ab von der großen Straße, fahrt vorbei an der übrigens hervorragenden Unterkunft Reževići Apartments und durchs Dorf mit einigen hübschen Villen – recht steil, aber gut passierbar – zum Strand. Dieser ist dort ganz diskret eingenistet. Sand gibt es hier keinen, aber der Wasserzugang ist angenehm, Liegestühle sind auch da.

Insider-Tipp
Cocktails für Strandhipster

*In der gemütlich-eleganten **Plažni Bar Balun** direkt am schmalen Strand Plaža Presjeke fühlen sich Trendsetter wohl (tgl. | GPS 42.224850, 18.906548, Rijeka Reževići | Tel. +382 69 28 56 52 | **€€–€€€**).*

Restaurant Giardino

Kurz hinter dem Ort ist dieses Lokal oben an der Landstraße der nächste Knaller, im positiven Sinne: traumhafte Aussichten von der Terrasse auf die Bucht (schön für Sonnenuntergangs-Liebhaber) und große Portionen leckerer, traditioneller Speisen. In Kombination mit den freundlichen und professionellen Kellnern ein Angebot zum Fingerlecken.

NOBEL, NOBEL

Vom Sveti-Stefan-Strand geht der Blick auf die Felseninsel, die nur Hotelgäste betreten dürfen.

STIMMUNGSVOLL

Auf dem Gelände des Klosters Gradiste werdet ihr mit Musik begrüßt.

tgl. | an der E80 bei Rijeka Reževići, GPS 42.224097, 18.910672, Krstac | Tel. +382 33 68 23 33 | restorangiardino.com | €€

8 km | Weiter geht's auf der E80 vorbei am im Sommer hoffnungslos überfüllten Ferienort Petrovac na moru ins nächste größere Dorf.

Buljarica mit Kloster Gradiste

Direkt vor der Einfahrt ins Dorf ist nach links das **Manastir Gradiste** ausgeschildert. Ihr parkt unten und geht fünf Minuten steil hinauf. Das ganz in die grüne Umgebung eingebettete orthodoxe Kloster verbreitet eine meditative, fast schon mystische Stimmung. Hier findest du reichlich Motive, um dein Instagramkonto zu füllen: die Gebäude selbst genauso wie die einmalige Aussicht aufs Meer.

keine festen Öffnungszeiten | Eintritt frei | GPS 42.202087, 18.963902

Restoran Magazini
Wer nicht aufpasst, ist schnell vorbeigefahren an diesem kleinen Lokal im Zentrum des Dörfchens, gegenüber dem Supermarkt. Denn die große Terrasse ist fantastisch einkomponiert in Bäume, die ein fast dichtes Blätterdach bilden und den oft dringend benötigten Schatten spenden. Dazu ein paar bunte Tische und Stühle, freundliche Bedienung und gute Hausmannskost. Und abends sogar Livemusik! Auch Frühstück.

i tgl. | GPS 42.199587, 18.965270, Buljarica | Tel. +382 68 39 88 40 | €€

18 km | Aus Buljarica, wo auch der bei Budva erwähnte **Camping Maslina** liegt (▶ S. 173), fahrt ihr auf der M1 bis in die Küstenstadt Bar.

Bar

Bar ist quasi das montenegrinische Gegenstück des italienischen Bari. Der alte **Palast von König Nikola** *(Dvorac Kralja Nikole)* unten im Zentrum ist ein wenig abgeblättert, aber trotzdem sehenswert. Durch den umgebenden Park kommt ihr in wenigen Schritten zur **Hafen- und Strandpromenade.** Vom Seehafen verkehren Fähren nach Ancona.

P GPS 42.101373, 19.092514, beim Palast von König Nikola

5 km | Fahrt nun – unter der großen Küstenstraße hindurch – hinauf nach Stari Bar, in den historischen Teil der Stadt.

Stari Bar

Es handelt sich um eine wunderbare kleine Altstadt, eigentlich vor allem eine Straße, StaroBarska Čarsija, die sich sehr malerisch bergauf windet, rechts und links gesäumt von gefühlt Hunderten Wein- und Souvenirshops, Cafés und Restaurants. Alles ist aber wunderschön geschmackvoll gestaltet, ein gemütlicher Bummel absolutes Pflichtprogramm. All dies ist Teil der **Festung Stari Bar,** auf die ihr dann auch direkt zulauft. Das Innere mit Bischofspalast und altem Aquädukt kann bei einem herrlichen Spaziergang ebenfalls besichtigt werden. Einige Bauten in Stari Bar sind bereits ein Jahrtausend alt. Rundum ein außergewöhnlicher Zwischenstopp.

i Tvrđava Stari Bar: tgl. 8–17, Sommerhalbjahr bis 20 Uhr | 5 € | starigradbar.com

P GPS 42.092371, 19.132938, am Eingang zur Altstadt

Mèrâk – Stari Bar
In der Altstadt von Stari Bar geben sich die Lokale die Klinke in die Hand, fast alle wirklich gut und mit schöner Terrasse. Aber dieses kleine Café ist etwas Besonderes, denn es ist auf Süßspeisen mit stark orientalischer Note spezialisiert: leckeres Gebäck, türkische Desserts und natürlich wunderbar klebrige Baklava. Da schmecken Tee und Kaffee gleich dop-

pelt so gut. Ein paar Schritte die Straße hinauf findet ihr übrigens das hervorragende Restaurant **Konoba Bedem.**

i tgl. | StaroBarska Čarsija, Stari Bar (GPS 42.093449, 19.133281) | €€

Insider-Tipp
Ein Baum aus dem Jahre Null

Nicht weit von der Küstenhauptstraße wird der ***Stara Maslina,*** *einer der ältesten Olivenbäume Europas, in einem Mini-Museum präsentiert (tgl. 8–20 Uhr, 2 € | GPS 42.080220, 19.129512).*

27 km Die Küstenhauptstraße E851/M1, die ihr die ganze Zeit schon verfolgt, passiert nach Süden die sehr beliebten Orte **Dobra Voda** und **Utjeha,** deren Strände mit Tausenden von Schirmen ihr gut von oben in Augenschein nehmen könnt. Ihr fahrt weiter bis Ulcinj.

Spot 19

Ulcinj
Orientalisches Flair nahe der albanischen Grenze ▶ **S. 174**

Aus Ulcinj heraus nehmt ihr nicht die E851, die links abbiegt, sondern die parallel zur Küste verlaufende R-17. Kurz hinter der Brücke über das Wasser des Port Milena verlasst ihr auf Höhe des Miami Beach die R-17, um auf der rechten Parallelstraße den Strand entlang weiterzufahren.

Velika Plaža (Großer Strand)

12 km ist er lang, der **Long Beach,** wie er so schön auf Englisch heißt. Warum sind die Montenegriner so stolz auf dieses Stückchen Erde? In einem Land mit meist steinigen, bestenfalls kieseligen Stränden ist der feine, dunkle Sand eine Offenbarung. Und dann auch noch diese Ausmaße! Zu den einzelnen Strandabschnitten gehören meist ein Campingplatz sowie Bar und Restaurant, so auch beim **Safari Beach** (▶ S. 177).

11 km Es geht zurück auf die R-17 und weiter nach Südosten, wo die Straße hinter der Brücke über einen Arm der Buna auf einer Insel endet.

Insel Ada Bojana

Hier hört Montenegro nun wirklich auf. Endgültig Schluss ist bei der Einfahrt zum Nudisten-Campingplatz, der übrigens sehr empfehlenswert sein soll. Keine Sorge, der Wachmann bei der Einfahrt ist noch ganz angezogen. Einen buchstäblichen Steinwurf entfernt liegt der albanische Urlaubsort **Velipoja.** Um dorthin zu gelangen, müsste man allerdings einen riesigen Bogen nach Norden fahren.

64 km Da die Panoramastrecke am Skutarisee entlang nach Virpazar für größere Fahrzeuge zu beschwerlich ist, solltet ihr nun auf der E851/M1 die bekannte Strecke über Ulcinj und Bar wieder zurückfahren. Kurz hinter Sutomore biegt ihr dann rechts ab auf die E80/M1.1 in Richtung der Hauptstadt Podgorica. Damit's schnell geht und nicht zu bergig wird, hat man für 70 Mio. € den **Sozina-Tunnel** gebaut *(Maut 2,50 €/Pkw und 5 €/Womo, über 3,5 t 10 €)*. In **Virpazar** am Skutarisee verlasst ihr die E80 und fahrt ins Dorf hinein.

Spot 20

Virpazar und der Nationalpark Skutarisee

Meeresfeeling ohne Salz ▶ **S. 178**

29 km Zurück auf der E80 (nun M2) geht es in Richtung Podgorica nach Nordosten über die Skutarisee-Brücke und einen Damm mit schönem Blick rechts und links auf das riesige Gewässer.

PLATZ OHNE ENDE

Der Große Strand südlich von Ulcinj zieht sich breit in die Länge.

WENIGER MEER ...

... dafür mehr See gibt es rund um Virpazar zu bewundern.

Podgorica

Dafür, dass es immerhin die Hauptstadt eines europäischen Staates ist, kommt Podgorica sehr bescheiden rüber. Ein längerer Aufenthalt muss nicht sein, aber werft ruhig einen Blick auf das Treiben hier. Es gibt eine ganze Reihe Parks und insgesamt viel Grün, was das tendenziell hektische Großstadtleben entspannter macht. Sehenswert ist die 173 m lange **Millennium-Brücke** *(Most Milenijum)* aus dem Jahre 2005 mit ihrer mächtigen Schrägseilkonstruktion. Und direkt im Anschluss das kleine, quadratische Stadtviertel rund um den **Platz der Republik** *(Trg Republike)* mit autofreien oder verkehrsberuhigten Sträßchen, einer Menge Cafés und Restaurants sowie einigen repräsentativen Gebäuden – darunter auch Botschaften und Konsulate. Als angenehm schattig erweist sich die Njegoševa-Straße, in der sich eine Reihe moderner Lokale finden.

P *Mitten im modernen Stadtzentrum liegt das ordentliche Parkhaus Parking Garaža (Balšića, Podgorica, GPS 42.439687, 19.265260).*

Gostiona 1928

Das wahrscheinlich beste Restaurant der Stadt – allein schon wegen der nostalgisch-coolen Einrichtung. Von außen fällt es kaum auf, man muss es schon gezielt suchen in dem kleinen Viertel rund um den Platz der Republik. Unten ist eine Bar, im 1. Stock das Restaurant mit hervorragendem Essen. Obwohl Podgorica nicht am Wasser liegt, ist man auf Fische und Meeresfrüchte spezialisiert – alles andere steht aber ebenfalls auf der Karte. Auch für ein gutes Frühstück der richtige Ort.

tgl. | Bokeška ul. 6, Podgorica | Tel. +382 67 01 92 80 | €€

41 km Auf der E762/M3 geht es nach Nordwesten in Richtung Nikšić. In Danilovgrad biegt ihr rechts ab und kurz hinterm Kloster Manastir Ždrebaonik links auf die Bergstraße. Das Ziel Manastir Ostrog ist bestens ausgeschildert. Es gibt auch ein sogenanntes unteres Kloster an der Durchfahrtsstraße, ihr wollt aber zum oberen. Die Straße verläuft fast parallel zur größeren E762 und schwingt sich dann in einigen Serpentinen hoch zum Kloster, ein wenig eng und steil, aber gut zu meistern.

Felsenkloster Ostrog

Dieses im 17. Jh. buchstäblich in den Felsen gehauene Kloster wurde nach seiner Zerstörung vor gut 100 Jahren wiederaufgebaut. Auch nicht-orthodoxe Menschen und sogar nicht-religiöse verstehen schon beim Anblick von weitem gut, warum dieser Ort zur Wallfahrtsstätte wurde. Der Blick von oben auf die Berglandschaft ist großartig, doch das Klostergelände ist wegen der Mengen an Pilgern und Besuchern nicht gerade ein Ort der Stille. Trotzdem lohnt ein Gang über den Hof und hinein in die Klosterkirche. Beeindruckend zu sehen, wie devot manche Gläubige diesen heiligen Hallen ihren Respekt zollen.

tgl. 6–20 Uhr | Eintritt frei | manastirostrog.com

Insider-Tipp
Wer zu spät parkt ...

*Ganz oben sind die Parkplätze beschränkt, auf der sicheren Seite seid ihr beim großen **Platz auf halber Höhe** (GPS 42.675511, 19.027978), über Treppen und ein Stück Straße geht's zu Fuß weiter hoch.*

99 km Die Serpentinen müsst ihr nun wieder hinunter, dann nach rechts und die nächstgrößere Straße nach links zurück zur E762, die ihr rechts fahrt bis zur Stadt **Nikšić,** aus der das bekannteste montenegrinische Bier stammt. Viel zu besichtigen gibt es dort nicht. Ihr bleibt auf der E762 bis Jasenovo Polje, wo ihr rechts in die P5 abzweigt, die euch durch die Bergwelt Montenegros zum Ziel dieser Tour bringt.

Spot 21 **Žabljak und der Nationalpark Durmitor**
Wo Berge und Canyon rufen ▶ **S. 182**

Spot 18

Budva
Die Festung am Strand

Nein, ihr seid nicht unverhofft nach Las Vegas gebeamt worden. Doch es ist schon witzig zu erleben, wie man sich inmitten von Hotel- und Casinotürmen auf extrabreiter Chaussee in Richtung Zentrum voranschiebt. Was für ein Kontrast dann zum historischen Stadtkern, der mit seinen vielen Gassen auf einer Halbinsel hinter dicken Mauern an Kotor erinnert – nur liegt vor dem Stadtwall statt einem Bauernmarkt der breite, lange Strand Plaža Ričardova Glava. Dass viele Gebäude nach dem Erdbeben vom Ostersonntag 1979 wiederaufgebaut werden mussten, ist in der vom venezianischen Stil geprägten Altstadt kaum mehr zu erkennen.

P *Ein recht großer Parkplatz liegt wenige Schritte vor der Altstadt am Ende der breiten Casinostraße (ul. Mediteranska, GPS 42.279460, 18.835819).*

UNVERGESSLICH

Budvas Wahrzeichen, die Ballerina von Gradimir Aleksić, gibt's auch als Souvenir.

AKTIVITÄTEN & SIGHTSEEING

1 Ganz locker durch die Old Town schlendern

Die Gässchen sind wunderschön, teils verwinkelt und man kann endlos darin herumirren, obwohl das Gelände eigentlich gar nicht so groß ist. Es gibt massenhaft Lokale, auch günstige Imbisse mit Pizza oder Kebap auf die Hand. Überhaupt ist der Charakter dieser ummauerten **Altstadt** – bei allen Gemeinsamkeiten mit Kotor – ein wenig zurückgelehnter, alternativ-hipper. Highlights sind die **Kirche der heiligen Dreifaltigkeit** und die **Stadtmauer,** auf der ihr auch entlangspazieren könnt.

2 Alte Bücher und tollen Ausblick in der Zitadelle erleben

Es soll keiner sagen, Budva hätte keine Festung – denn abgesehen davon, dass die gesamte Altstadt eine einzige große Verteidigungsanlage darstellt, braucht sich auch die **Citadela** nicht zu verstecken. Drinnen gibt's eine schöne, **historische Bibliothek** zu sehen, nach draußen dann die Adria in all ihrer Pracht. ***Infos:*** *tgl. 9–20 Uhr | 5 € | an der Südspitze der Altstadt-Halbinsel (GPS 42.277027, 18.838094) | imobilia.net*

3 Im Kloster Podmaine über den Dingen stehen

Es liegt direkt über der Innenstadt, aber die Glücksspieler, Strandenthusiasten und Altstadtbummler scheinen hier ganz weit weg: Beim Kloster Podmaine aus dem 15. Jh. gibt es nur grüne Hügel, wunderbare Fresken, zwei Kirchen und ein Gelände voller Ruhe und Einkehr. Das Kloster ist bewohnt und mit dem gebührenden Respekt dürft ihr ruhig hineingehen. Unverschämt schöner Blick auf die Stadt. ***Infos:*** *Eintritt frei | GPS 42.297969, 18.844576 (2,5 km zu Fuß oder per Auto von der Altstadt)*

4 Nach Sveti Nikola übersetzen

Kunstvoll direkt vor die Altstadt gewürfelt liegt die Insel des Hl. Nikola im Adriawasser. Grün bewachsene Felsen und Kieselstrände wechseln sich hier ab. Das Wasser ist ruhig, auch zum ganztägigen (Sonnen-)baden mit Kindern bestens geeignet. Die Insel ist teils in privater Hand mit einem Restaurant direkt am Ufer. Es gibt auch nur vom Wasser er-

REGENTAG – UND NUN?

5 Dem Glück eine Chance geben

Im **Merit Casino Royal Splendid** gleich außerhalb von Budva in Richtung Osten ist der Eintritt frei und ihr könnt euch einfach ein wenig umsehen. Neben den allgegenwärtigen Automaten gibt es hier auch echte Roulette- und Kartentische. Fühlt euch ruhig einmal wie James Bond, nur Gewinne nicht wieder verspielen und nicht versuchen, Verluste wieder reinzubekommen. Die Bank gewinnt immer! ***Infos:*** *tgl. | Splendid Conference & Spa Resort | Bečići, Budva | meritcasinos.com*

reichbare Lagunen. ***Infos:*** *Überfahrt per Taxiboot: ab 5 €/Pers. | von allen Stränden in Budva*

ESSEN & TRINKEN

6 Restoran Rivijera

Eine der Top-Adressen in Budva für gute, klassische Hausmannskost. Die Atmosphäre auf der schönen Terrasse ist perfekt, der Service einwandfrei. Und für alle, die sich nicht zwischen weißem und rotem Wein entscheiden können: Es gibt einen hervorragenden Haus-Rosé. ***Infos:*** *So–Fr | Njegoševa 16, Budva | Tel. +382 68 66 58 75 | €€*

7 Pastabar

Nudeln in vielen Variationen, besonders lecker mit dem selbst gemachten Pesto. Auch die Gnocchi bestehen den Geschmackstest mit Auszeichnung. Gutes Essen in lockerer Stimmung mit fröhlicher Musik. Die Portionen sind nicht riesig, aber die Preise fair. ***Infos:*** *tgl. | Petra I Petrovića, Budva | Tel. +382 67 54 04 07 | €€*

8 Blue Cat Art Café

Solch eine Cocktailbar wie diese in der Altstadt findest du nicht alle Tage: eine tolle Auswahl an Drinks, die wahnsinnig gut schmecken und dazu ein Mann hinter der Bar, der sein Handwerk versteht und Enthusiasmus für seine Arbeit versprüht. ***Infos:*** *tgl. 16 Uhr bis nach Mitternacht geöffnet | ul. Njegoševa 32, Budva | Tel. +382 63 29 68 50 | €€*

EINKAUFEN

9 Natural Shop Budva

Hier gibt's vorwiegend Strandkleidung für die Dame: neben Bikinis und Badeanzügen auch sehr schöne Kimonos aus Bio-Baumwolle und andere Luft-

SCHLENDERPARKETT

Budvas marmorgepflasterte Gassen haben sich zur Flaniermeile gemausert.

zufächerer für heiße Tage. Garantiert ein Blickfang, mit dem du positiv auffallen wirst. ***Infos:*** *Mo–Sa 8.30–24 Uhr | Br Zanovica 15, Budva | naturalshopbudva.com*

Insider-Tipp
Saubere Sache

*Die **Seifen** im Natural Shop sind handgemacht: nachhaltiger Urlaubsduft für daheim!*

STELL- & CAMPINGPLÄTZE

10 Stadtnaher Stellplatz mit Grundversorgung

In Budva selbst sind die Campingplätze leider nicht besonders empfehlenswert. Alternativen sind Parkplätze, auf denen Womos und Busse erlaubt sind bzw. ganz einfache Stellplätze, teilweise mit Toilette und Dusche. Bei diesem hier gibt es immerhin auch Wasser und Strom und die Betreiber sind sehr freundlich. Die Lage gleich im Zentrum der Stadt und der günstige Preis sind unschlagbar.

Kamp Budva

€ | GPS 42.290152,18.845351 (1,5 km zur Altstadt) | Tel. +382 67 27 87 47

- **Größe:** *30 Stellplätze*
- **Ausstattung:** *WLAN (nicht immer zuverlässig), Waschmaschine*

11 Größerer, traditionsreicher Platz im Grünen

Besser sieht es mit Campingplätzen rund um das gut 20 km entfernte Petrovac aus. Dieser Platz ist schon über 50 Jahre alt. Das sieht man auch – und zwar im guten Sinne: Die Schatten spendenden Olivenbäume sind groß und knorrig, das ganze Areal sehr grün, der Service eingespielt, genügend Plätze sind vorhanden, die Sanitäranlagen für hiesige Verhältnisse komfortabel. Strand und große Straße sind gleichermaßen etwa 200 m entfernt. Eine der besten größeren Campinganlagen Montenegros.

Camping Maslina

€€ | Buljarica, Petrovac (20 km von Budva) | Tel. +382 68 60 20 40 | campingmaslina.com | GPS 42.197833, 18.966047

- **Größe:** *120 Stellplätze, 1 Mietunterkunft*
- **Ausstattung:** *WLAN (auf Teilen des Geländes), Waschmaschine, Lebensmittelgeschäft, Restaurant in direkter Nähe, Spielplatz*

Spot 19

Ulcinj
Orientalisches Flair nahe der albanischen Grenze

Der südliche Teil der montenegrinischen Adriaküste wird bestimmt von Menschen muslimischen Glaubens – ähnlich wie auf der anderen Seite der Grenze in Albanien, in Bosnien oder auch im Kosovo. Dadurch entsteht eine ganz spezielle, morgenländische Atmosphäre. Im Kontrast dazu stehen die lauten Clubs, deren meist westliche Partymusik zumindest im Sommer das ganze Zentrum bis Mitternacht in Schallwellen taucht. Ein Juwel, das gerade erst geschliffen wird, ist die kleine, steile Burgstadt über dem Wasser.

WEICHES WILLKOMMEN

Das Hotel-Museum Palata Venezia versprüht mitten in der Altstadt mediterrane Gastfreundschaft – für alle.

AKTIVITÄTEN & SIGHTSEEING

1 Die wiedergeborene Burgstadt besteigen

Vor wenigen Jahren sah es hier mehr nach Baustelle aus als nach allem anderen – und noch immer kommen euch Männer mit Schubkarren auf der Rampe zum Stadttor entgegen. Doch inzwischen holt die als UNESCO-Weltkulturerbe anerkannte **Altstadt** *(Stari Grad)* mächtig auf. Heute entfalten die steilen Gässchen im ehemaligen Burgareal wieder ihren Zauber und am Ostrand guckt ihr euch die Augen aus: über Stadt, Adria und den Strand Mala Plaža. ***Infos:*** *Eingang vom Parkplatz (GPS 41.925334, 19.201836) übers Nordtor, außerdem über eine Treppe vom Wasserniveau (GPS 41.924166, 19.202740)*

2 Das moderne Ulcinj erleben

Der Kern des heutigen Ulcinj versammelt sich um die **Straße Rr. Hafiz Ali Ulqinaku.** Von dort geht es nach drei Seiten direkt steil bergauf, in die Wohngebiete und zu den Hotels mit Exklusivblick auf die Stadt. Wer hier abends aus den Kneipen auch nur ein paar Straßen nach Hause gehen muss, braucht eine gute Kondition. Einen Spaziergang wert ist auch die lebhafte Promenade entlang dem **Strand Mala Plaža.**

3 Den Seemann in der Moschee besuchen

Die **Seemannsmoschee** gilt vielen als Wahrzeichen der Stadt. Ihre Ursprünge reichen viele Jahrhunderte zurück – noch bevor die Osmanen Ulcinj eroberten. Das aktuelle Gebäude stammt von 1798, wurde Anfang unseres Jahrhunderts aber grundlegend restauriert. Von innen schmuckvoll gestaltet. ***Infos:*** *Mornarska Džamija: Ulcinjskih moreplovaca, Ulcinj | Eintritt frei | Arme und Beine verhüllen, Schuhe ausziehen*

4 Am Frauenstrand entspannen

An die **Ženska Plaža** dürfen tatsächlich nur die weiblichen Repräsentanten der Menschheit. Dafür geht es hier sehr relaxed zu, Kleidung ist optional. Von der kleinen, felsigen Bucht führt der **Ulcinj Long Beach Walk** an mehreren

REGENTAG – UND NUN?

5 Der Geschichte auf den Grund gehen

Ulcinj ist ein Schmelztiegel der Kulturen, Religionen und Sprachen. Schon die Ortsschilder der gesamten Region sind zweisprachig: montenegrinisch und albanisch. Wie kam es hier zum Zusammentreffen von Christen, Muslimen und montenegrinischen Roma? Welchen Einfluss hatte der Krieg im Kosovo? Wie funktioniert das Zusammenleben heute? Nicht alle, aber viele spannende Fragen werden im **Museum für Lokalgeschichte** beantwortet. ***Infos:*** *Gradski Muzej: tgl. 8–20 Uhr | 1 € | Stari Grad, Ulcinj (im nördl. Bereich der Burgstadt, GPS 41.924616, 19.201110)*

Stränden entlang in Richtung Zentrum. ***Infos:*** *Steva Đakonovića Čiče, GPS 41.919899, 19.213524 Ulcinj*

Insider-Tipp
Quelle des Lebens
Unter Wasser sprudelt am Frauenstrand eine mineralreiche Quelle, deren Wunderstoffe besonders bei ***Kinderwunsch*** *helfen sollen.*

ESSEN & TRINKEN

6 Restaurant Taphana

Was gibt's Besseres als nach einem heißen Tag zwischen Strandpromenade und Altstadt zu sitzen und den Sonnenuntergang bei einem hauseigenen Weißwein zu genießen. Dazu serviert das freundliche Personal klassische Kost. ***Infos:*** *tgl. | Kalaja Ulquinit, GPS 41.92293, 19.20139, Ulcinj | Tel. +382 69 23 51 61 | Facebook: RestaurantTaphana | €–€€*

7 Konoba Barutana

Ein einfaches, landestypisches, aber wirklich gutes Lokal mit sehr freundlichem Besitzer, der praktischerweise auch Deutsch spricht. Der Ausblick aus der Burgstadt aufs Meer ist tipptopp und schon die hölzerne Speisekarte macht Spaß, das merklich aus frischen Zutaten bereitete Essen umso mehr. ***Infos:*** *tgl. | Stari Grad, GPS 41.92304, 19.20075, Ulcinj | Tel. +382 69 21 31 43 | €–€€*

8 Dulcinea

Super engagiertes Personal und perfektes Essen zu fairen Preisen – und das in der Altstadt. Besonders die Meeresfrüchte und die Fischplatten sind ausgezeichnet. Und natürlich wieder diese Aussicht! ***Infos:*** *tgl. bis nachts | Stari Grad, GPS 41.92322, 19.20160, Ulcinj | Tel. +382 69 26 77 56 | €€*

AUTHENTISCH

Auf dem Grünen Markt im modernen Teil der Stadt geht's auch im Alltag bunt zu.

EINKAUFEN

9 Grüner Markt

Dieser betriebsame, laute Markt an der Hauptdurchfahrtsstraße ist nicht für Touristen gedacht. Hier blitzt der orientalische Charakter Ulcinjs so richtig durch. Besonders schön: die große Auswahl an Gewürzen, Olivenölen und Weinen. ***Infos:*** *Zelena pijaca (alban.: Tregu i Gjelbërt): tgl. 6–15 Uhr | Nikole Dakovića, GPS 41.929909, 19.211612, Ulcinj*

STELL- & CAMPINGPLÄTZE

10 Der große Schattenplatz mit eigenem Strand

Der Strand Velika Plaža (▶ S. 166) ist so riesig, dass plötzlich die sonst in Montenegro so raren Camps geradezu aus dem Boden schießen. Dieser große Platz ist schon recht etabliert. Und das Beste: Obwohl das Camp unmittelbar in den breiten, endlosen Sandstrand übergeht, liegt ein Großteil des Geländes unter stattlichen, dichten Bäumen. Dieser Strandabschnitt ist übrigens besonders geeignet zum Surfen und Kitesurfen.

Safari Beach Camping

€€ | Doni Stoj (ca. 5 km von Ulcinj) | Tel. +382 69 74 46 44 | safaribeach.me | GPS 41.903514, 19.267156

▶ **Größe:** *100 Stellplätze, 20 Mietunterkünfte*
▶ **Ausstattung:** *WLAN (Restaurant und Rezeption), Spielplatz, Waschmaschine, Brötchenservice, Restaurant, Einkaufsladen, Beachvolleyball, Surf- und Kitesurf-Schule*

11 Neu, frisch und sauber am Meer

Recht neuer Campingplatz ebenfalls direkt am Riesenstrand, ganz in der Nähe des Safari Beach Camping. Wenn ihr die volle Aussicht genießen wollt, fragt unbedingt nach Stellplätzen in erster Reihe mit Strand- und Wasserblick. Sanitäranlagen sind gut, warmes Wasser aus dem Boiler kann bei größerem Andrang schon mal knapp werden. Für Strandratten gibt's einen Sonnenschutz gratis.

Hills Camping

€–€€ | Doni Štoj (7 km von Ulcinj) | Tel. +382 69 10 10 04 | Facebook: Hills Beach & Camping | GPS 41.901590, 19.273389

▶ **Größe:** *ca. 50 Stellplätze, 10 Mietunterkünfte*
▶ **Ausstattung:** *WLAN, Restaurant am Strand*

Spot 20

Virpazar und der Nationalpark Skutarisee

Meeresfeeling ohne Salz

Ein guter Teil des wirklich riesigen Skutarisees liegt in Albanien, benannt ist er übrigens nach dem albanischen Shkodra (ital. Scutari), der größten Stadt am Ufer. Skadarsko Jezero (montenegrin.), Liqeni i shkodrës (alban.), Lake Shkodra (engl.) – egal, wie man ihn nennt, die Panoramaaussichten und die Bootstouren über das flache Gewässer lassen einen sprachlos staunen. Der fischreiche See steht als Heimat von gut 270 zum Teil sehr seltenen Vogelarten unter Naturschutz. Auf der montenegrinischen Seite ist der kleine, unspektakuläre Ort Virpazar der Dreh- und Angelpunkt für jeden Besuch dieses frei zugänglichen Nationalparks.

WANDELBAR

Die Größe des Skutarisees ist enormen Schwankungen unterworfen, da sein Wasserstand extrem jahreszeitenabhängig ist.

AKTIVITÄTEN & SIGHTSEEING

1 Auf dem See zur Burgruine übersetzen

Die gesamte Region ist von Kopf bis Fuß auf jene Touristen eingestellt, die hinauswollen auf den See. Ausflugsanbieter werden euch reichlich ansprechen, orientiert euch und entscheidet dann. Oder reserviert im Voraus einen guten Anbieter wie etwa **Boat Milica.** Überall ist's schön, aber das Hauptziel ist das klitzekleine Inselchen **Grmožur** und darauf die Ruine einer von den Türken gebauten Festung, die Montenegros König Nikola I. später als Gefängnis nutzte. ***Infos:*** *Boat Milica: Gruppen bis 5 Pers. ab ca. 20 €/Pers. für 3 Std., größere Gruppen günstiger | GPS 42.245722, 19.090870, Virpazar | Tel. +382 67 75 53 55 | boatmilica.com*

2 Auf der Panoramastrecke den ganzen See überblicken

Auf der Straße P16 geht es in südöstlicher Richtung schnell bergauf und die ersten Blicke auf den See werden frei. Die Piste ist ganz schön schmal – aber erstens ist der Gegenverkehr sehr spärlich, zweitens gibt es Ausweichstellen. Den ersten echten Aussichtspunkt gibt's schon nach 2 km bei **Vidikovac Godinje** *(GPS 42.235020, 19.105672)*. Weiterfahren lohnt sich aber: bis direkt vor dem Ufer die kleine **Insel Moračnik** mitsamt Kloster aus dem 13. Jh. auftaucht.

Insider-Tipp
Baden gehen
*Gegenüber von Moračnik könnt ihr am wunderschönen, kieseligen Strand **Plaža Murići** ins Wasser hüpfen (GPS 42.163351, 19.221901).*

3 Alte türkische Festung am Seeufer besteigen

Die **Besac-Festung** liegt praktischerweise direkt um die Ecke von Virpazar. Die von den Türken im 15. Jh. erbaute Wehranlage hat schon so manche blutige Auseinandersetzung erlebt. Vieles wurde restauriert und die Aussicht auf den See ist natürlich auch toll. ***Infos:*** *Tvrđava Besac: tgl. 9–21 Uhr | 2 € | GPS 42.244312, 19.09287, Virpazar*

4 Selbst am See sportlich aktiv werden

Um das große Wasser hautnah zu erleben, solltet ihr euch ein **Kajak** oder **SUP** besorgen und in Eigenregie lospaddeln oder leiht euch **Anglerzubehör** – falls ihr kein eigenes dabei habt – und versucht euer Glück. ***Infos:*** *Boat Milica,* ▶ *Punkt 1*

REGENTAG – UND NUN?

5 Im Bio-Wein die Wahrheit finden

Das familiengeführte **Eco Resort & Winery Cermeniza** ist nicht nur eine wunderschöne Unterkunft mit Restaurant, sondern auch ein Winzer, der auf schonende, natürliche Weise hervorragende Rotweine keltert. Beim Besuch des Weinkellers und der Weinberge werden euch Philosophie und Tradition des Weinanbaus auf sympathische Art nähergebracht – samt Weinprobe und Verkauf. ***Infos:*** *tgl. 8–20 Uhr | Boljevici, GPS 42.235412, 19.094774, Virpazar | Tel. +382 67 37 30 59 | cermeniza.me*

ESSEN & TRINKEN

6 Bootsrestaurant Silistria

Keine kulinarischen Höhenflüge, aber solide Hausmannskost mit großen Portionen zum Sattwerden – und das an Deck eines schönen Holzboots. Ihr könnt hier auch einfach mit einem Getränk den Tag ausklingen lassen beim Blick über diese gigantische Wasserfläche. ***Infos:*** *tgl. | GPS 42.245619, 19.090741, Virpazar | Tel. +382 68 57 36 86 | €–€€*

7 Konoba Demidžana

Das aktuell vielleicht beste Esslokal des Ortes: Sowohl drinnen als auch draußen sitzt man sehr gemütlich, das Essen – natürlich mit Betonung auf Fischgerichten – ist einwandfrei und dabei preislich durchaus moderat. Und die Atmoshphäre ist freundlich. Große Portionen. Neben der Touristeninformation. ***Infos:*** *tgl. | GPS 42.246006 19.090995 | Tel. +382 66 13 33 87 | Facebook: Demidzana | €–€€*

8 Antika Restoran

Unmittelbar am See gelegen gehört dieses Restaurant zu einem kleinen Hotel. Auch als Nicht-Übernachter seid ihr hier ab 8 Uhr morgens willkommen. Wie üblich in Virpazar handelt es sich um ein traditionelles, aber ordentliches Lokal. Manchmal wartet man hier etwas länger auf die Speisen, also nichts für ganz Eilige. ***Infos:*** *tgl. | GPS 42.246608, 19.090715, Virpazar | Tel. +382 67 41 94 88 | €€*

EINKAUFEN

9 Suvenirnica Lilja Knežević

Hier trefft ihr die Künstlerin, die diese Andenken geschaffen hat, mit aller

DA LANG!

Panorama satt – egal, ob ihr rechts oder links um den Skutarisee fahrt.

Wahrscheinlichkeit selbst an. Lilja zeigt euch, wenn sie ein wenig Zeit hat, auch gern ihr Atelier. Jedes Souvenir ein Einzelstück, dabei sehr bezahlbar! ***Infos:*** *Mo–Sa, GPS 42.246109, 19.090594, Virpazar*

STELL- & CAMPINGPLÄTZE

10 Die gute Stellwiese im Ort

Im Zentrum von Virpazar bei der Gabelung nicht schräg links auf die Panoramastrecke, sondern schräg rechts in die kleine Straße. Es folgen ein paar Apartments und dieser Campingplatz – wie hier üblich sehr einfach gestaltet, ohne große Annehmlichkeiten, aber mit herzlichen Betreibern, die sich über jeden Gast freuen. Und der Camper kann stehen bleiben, wenn ihr in den Tagen danach Bootsausflüge macht oder die Festung Besac besucht, denn von hier ist alles gut zu Fuß erreichbar. Stellplätze mit Schatten, einfache Sanitäranlagen (aber warme Dusche) und sehr günstige Preise. Ein Stückchen die Straße hoch gibt's noch das **Camp Virpazar** – auch eine schlichte Wiese mit Grundversorgung und supernetten, deutschsprachigen Gastgebern *(campvirpazarandmore.com)*.

Camping LAD

€ | Virpazar | Tel. +382 66 15 19 05 | camplad.net | GPS 42.238827, 19.095910

▶ **Größe:** *20 Stellplätze*
▶ **Ausstattung:** *Küche für Selbstversorger, Fahrradverleih, WLAN*

11 Die grüne Oase für Tierliebhaber

Nur 3 km von Virpazars Zentrum und doch wie in einer anderen Welt: ruhig, grün, familiär, mit Enten, Katzen, Ziegen und was sich sonst gerade hier tummelt. Die sehr freundlichen Besitzer zaubern jedem Gast hier sofort ein Lächeln auf die Lippen – natürlich geben sie auch Tipps. Nicht ganz am Ufer, aber gut erreichbar.

Camp Podkraj

€ | Orahovo, Virpazar | Tel. +382 66 113 069 | GPS 42.246073, 19.07217

▶ **Größe:** *ca. 20 Stellplätze*
▶ **Ausstattung:** *Schwimmbad, WLAN, Frühstück und Abendessen auf Wunsch, Fahrradverleih, Spielplatz*

Spot 21

Žabljak und der Nationalpark Durmitor

Wo Berge und Canyon rufen

In Žabljak beendet ihr eure Montenegrotour mit einem Knaller. Nicht dass dieses Provinznest an sich besonders begeisternd wäre. Doch immerhin gibt es viele gute Restaurants, Unterkünfte und die richtige Infrastruktur, um all die großartigen Wanderungen, Raftingtouren, Zipline-Abenteuer und Schluchtenfahrten bestens zu organisieren. Absoluter Höhepunkt ist die gewaltige Tara-Schlucht, Europas tiefster Canyon, der von einer unglaublichen Autobrücke überspannt wird. Allein ein Spaziergang darüber kitzelt ganz schön die Nerven. Hier befindet ihr euch mitten in Montenegros größtem Nationalpark, dem wunderschönen, bis über 2500 m aufragenden Durmitor-Gebirge: im Winter ein beliebtes Skigebiet, ansonsten Wander- und Erlebnisparadies.

ALLE ANPACKEN!

Bei der Raftingtour auf der Tara heißt es kräftig mitpaddeln.

AKTIVITÄTEN & SIGHTSEEING

1 Einmal um den Schwarzen See wandern

Žabljak ist der Ausgangspunkt vieler Wanderungen im Durmitor-Nationalpark. Eher von der entspannteren Sorte ist der Weg rund um den **Crno Jezero,** einen idyllischen Gletschersee. ***Infos:*** *Rundweg ca. 3,5 km/1 Std. 30 Min. | Start am Parkplatz (GPS 43.153918, 19.101181, 3 km von Žabljak) | durmitornp.com*

2 Über diese Brücke musst du gehen

Kaum zu glauben, dass die Brücke über die **Tara-Schlucht** einen so nervös machen kann. Du läufst auf dem schmalen Gehsteig neben der Fahrbahn (der Verkehr ist nicht riesig), der Blick hinunter wird immer unglaublicher und dein Herzklopfen lauter. Nur beim Fotografieren nicht das Smartphone 170 m in die Tiefe fallen lassen! ***Infos:*** *Most na Đurđevića: GPS 43.150414, 19.295310 (23 km von Žabljak)*

Insider-Tipp
Halt, stehen bleiben!

Stellt euer Fahrzeug beim Motel Tara ab. Da der ***Parkplatz*** *(GPS 43.14866, 19.29198) nur für Kunden ist, einfach auf der Terrasse mit Traumblick Kaffee trinken.*

3 Auf der Tara durch die tiefe Schlucht raften

Erst schält ihr euch in Neopren-Anzüge und Gummischuhe, dann geht's in Schlauchbooten die Tara entlang. Höhepunkte sind ein wilder Wasserfall und die Durchfahrt unter der Tara-Brücke. Dazu achtet der Guide natürlich darauf, das Boot mit seiner internationalen Besatzung schön durch ein paar wilde Stromschnellen zu lenken. Das Mitpaddeln ist aber für Jung und Alt locker zu schaffen. Sogar nicht wasserscheue Hunde können mit! ***Infos:*** *verschiedene Anbieter (z. B. redrocktara.com, inforaftingtara.com, tara-rafting.info) | ab 60 €/Pers. inkl. Mittagsnack | Start beim Campingplatz an der Tara-Brücke (GPS 43.149023, 19.299603, 24 km von Žabljak) | nur mit Anmeldung, Abholung in Žabljak möglich*

Insider-Tipp
Halber Tag, ganzer Genuss

Die sogenannte ***Half Day Tour*** *reicht beim Rafting auf der Tara völlig aus, alle Highlights sind enthalten.*

4 Mit der Zipline über den Canyon schießen

Auf der Zipline über der Tara-Schlucht hängt ihr fast 170 m über dem Canyon in der Luft und saust 350 m von einer Seite zur anderen mit bis zu 50 km/h. Altersbeschränkungen gibt es keine, aber je nach Windlage liegt das Maximalgewicht bei 110 bis 120 kg. ***Infos:*** *Start beim Campingplatz an der Tara-Brücke (▶ Punkt 3) | Mitte April–Sept. tgl. 10–19 Uhr | 20 € (ab 5 Pers. günstiger) | redrocktara.com*

5 Die Panoramastrecke durchs Durmitor-Gebirge nehmen

Die 76 km lange, ausgeschilderte Panorama-Rundstrecke Nr. 2 (Durmitor-Ring) startet und endet in Žabljak: Fahrt erst auf der Straße P5 nach Süden, dann rechts ab auf die P14. Vorbei am höchsten Gipfel des Landes, Bobotov Kuk (2523 m), folgt recht bald ein fantastischer Aussichtspunkt dem nächsten. Einziger Haken: Mit dem Camper wird's irgendwann ganz schön beschwerlich, die gesamte Tour ist nur für PKW oder wendige Campingbusse machbar. Deswegen im Zweifel auf halber Strecke (oder vorher) umkehren. Auf Höhe von GPS 43.134381, 18.972401 (ca. 26 km von Žabljak) wird's etwas flacher – ein guter Ort zum Drehen. ***Infos:*** *montenegro.travel/de > »Panoramarouten« suchen (inkl. Karte und Audioguide)*

6 Zum ultimativen Schlucht-Aussichtspunkt fahren

Dies ist die andere Seite des Durmitor-Rings, der Panoramastraße Nr. 2 (▶ *Punkt 5)*. Ihr fahrt von Žabljak nach Nordwesten (vorher Karte anschauen für den richtigen Weg aus der Stadt hinaus). Mitten in den Kurven und Serpentinen habt ihr einen unfassbar schönen Aussichtspunkt mit sehr tiefen Blicken in die Tara-Schlucht. ***Infos:*** *GPS 43.188214, 19.061746 (gut 10 km hinter Žabljak) | montenegro.travel/de > »Panoramarouten« suchen*

7 Durch eine weitere Schlucht spazieren

Ganz so riesig wie die Tara-Schlucht ist sie nicht, aber dafür könnt ihr beim **Nevidio-Canyon** umso mehr die Natur genießen. Ihr parkt unten am Flussufer – ein toller Ort zum Picknicken, Grillen oder sogar Übernachten. Dann wandert ihr einen kleinen, markierten Pfad entlang. Tiefer im Canyon wird's schwierig, deshalb nur mit Guide weitergehen, z. B. von **Durmitor Adventure.** Eine hohe, aber kleine Brücke über die Schlucht gibt's auch. ***Infos:*** *Njegoševa 1, Žabljak | durmitoradventure.com* ***Parken:*** *GPS 42.987072, 19.067395 (25 km von Žabljak)*

8 Zur Eishöhle wandern

Abkühlung gefällig? Dann müsst ihr erst mal schwitzen: Knapp 6 km Wegstrecke sind es von Žabljak zur Höhle, gut die Hälfte davon in besiedeltem Gebiet, der Rest schon richtig in den Bergen, das letzte Stückchen ziemlich anstrengend. Die Eisskulpturen in der am besten zugänglichen Galerie sind faszinierend, geübte Kletterer können sogar weiter hineinsteigen in den Gletscher. ***Infos:*** *Ledena Pecina: GPS 43.138655, 19.050947*

REGENTAG – UND NUN?

9 Mehr über den Nationalpark erfahren

Das **Besucherzentrum des Nationalparks Durmitor** zeigt eine kleine Ausstellung zur Tier- und Pflanzenwelt des Gebirges. Außerdem könnt ihr hier mit Hilfe der kompetenten Mitarbeiter eure Touren und Wanderungen in der Region planen. Es werden auch Fahrräder vermietet und Angelscheine ausgestellt ***Infos:*** *tgl. 8–16 Uhr | Eintritt frei | zwischen Žabljak und Schwarzem See, GPS 43.155090, 19.104809 | Tel. +382 20 60 10 15 | durmitornp.com*

10 Auf den höchsten Gipfel des Landes klettern

Für viele die schönste Wanderung Montenegros: der Aufstieg auf den **Bobotov Kuk,** dessen Gipfel bis auf 2523 m aufragt. Vom Parkplatz Durmitor Sedlo sind „nur" noch 900 Höhenmeter zu bewältigen. Definitiv eine Tageswanderung, die man mit erfahrenem Bergführer machen sollte. Höchstens geübte Alpinisten dürfen sich allein hochwagen. ***Infos:*** *Durmitor Adventure,* ▶ *Punkt 7* ***Parken:*** *GPS 43.098371, 19.050815 (15 km von Žabljak)*

ESSEN & TRINKEN

11 Ukus Durmitora

In heimelig-gemütlicher Atmosphäre könnt ihr die einheimische Küche genießen. Spezialisiert ist das Restaurant auf Lammfleisch-Gerichte, aber auch Klassiker wie Ćevapčići schmecken hier bewährt gut. Große Portionen. ***Infos:*** *tgl. | Božidara Žugića 6, Žabljak | Tel. +382 63 23 13 20 | €*

12 Or'O

Auf der schönen, großen Terrasse trifft man sich nach dem Rafting ‚Wandern oder einem Tag auf der Piste. Die Spezialität ist montenegrinisches Lamm, aber auch für Vegetarier gibt es einige Positionen auf der knappen Speisekarte. Ebenso gut ist die Frühstücksauswahl. ***Infos:*** *tgl. | Njegoševa, Žabljak | Tel. +382 69 40 62 10 | Facebook: restoranoro | €€*

13 Pekara

In dieser kleinen, im Fußgängerdurchgang hinter dem Voli Supermarkt versteckten Bäckerei gehen die Einheimischen einkaufen. Super Brot und für den Hunger zwischendurch auch Bureks mit Fleisch- und Kartoffelfüllung. ***Infos:*** *tgl. ab 7 Uhr | Njegoševa 4, Žabljak | Tel. +382 67 16 74 44 | €*

14 Kaćun

Urgemütliches Café mit – ungewöhnlich für Montenegro – exzellenter Auswahl an Tees. Auch das Kaffeeangebot schmeckt selbstverständlich erstklassig. Rundum nette, entspannte Stimmung mit ausnehmend freundlichen Betreibern. Es gibt auch leckere warme Speisen, alles hausgemacht. ***Infos:*** *tgl. | Njegoševa 17, Žabljak | Tel. +382 67 28 55 84 | €€*

EINKAUFEN

15 Voli

In dem gut sortierten, großen **Supermarkt** mitten im Zentrum stockt ihr eure Vorräte auf oder kauft günstig ein paar Mitbringsel wie Olivenöl, Wein oder das typische würzige Gemüsepüree Ajvar. ***Infos:*** *Mo–Sa 7.30–21.30 Uhr | Narodnih heroja, Žabljak | voli.me*

16 Tamara

Ganz in der Nähe der großen Brücke über die Tara-Schlucht könnt ihr euch in diesem ordentlichen **Souvenirshop** eindecken mit Kühlschrankmagneten, Taschen, T-Shirts und sonstigen Erinnerungen an die heiße Zeit am Canyon. ***Infos:*** *Mo–Sa | beim Motel Tara, GPS 43.14866, 19.29198 (23 km von Žabljak)*

AUSGEHEN & FEIERN

17 Krcma Nostalgija

Wer für ein Getränk oder eine richtige Mahlzeit hier einkehrt, spürt noch ein wenig die Aura vergangener Zeiten. Zu empfehlen: die typische Maisspeise Polenta. In dem gemütlichen Gasthaus im altmodisch-eleganten Stil herrscht gerade auch abends beste Stimmung. ***Infos:*** *tgl. bis 23 Uhr | Vuka Karadžića, Žabljak | Tel. +382 69 63 06 96 | €€*

ENTSPANNT

Auch von der Ebene lassen sich die Durmitor-Bergkuppen bestens genießen.

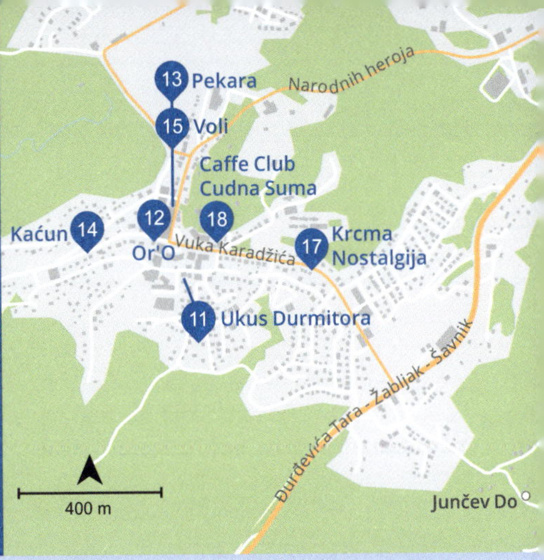

18 Caffe Club Cudna Suma

In dem mit viel Holz eingerichteten, urigen Lokal im Zentrum des Städtchens taucht man gleich in die gute, unaufgeregte Stimmung ein. Ob für Frühstück, Mittagessen (Tortilla ist top) oder eben den abendlichen Ausklang mit ein paar Drinks – hier seid ihr immer richtig. ***Infos:*** *tgl. 8–1 Uhr | Vuka Karadžića, Žabljak | Tel. +382 67 78 77 77 | €€*

STELL- & CAMPINGPLÄTZE

19 Wunderbare Aussicht auf die Berge

Tolle Lage im Grünen westlich des Zentrums, aber noch auf dem Stadtgebiet von Žabljak, nahe der Touristeninformation fürs Durmitor-Gebirge und dem Schwarzen See. Einfacher Platz, aber mit voller Versorgung und allen sanitären Einrichtungen (sauber, doch Toilettenpapier muss man selbst mitbringen). Schattige Stellplätze und freundliche Betreiber, die beim Organisieren von Touren helfen, ohne dabei aufdringlich zu sein.

Auto Kamp Mlinski Potok

€€ | Žabljak | Tel. +382 69 82 17 30 | autocampmlinskipotok.com | GPS 43.154993, 19.100470

- **Größe:** *45 Stellplätze, 20 Mietunterkünfte*
- **Ausstattung:** *Kochmöglichkeit, WLAN, Lagerfeuerplatz mit Brennholz, Waschmaschinen; in der Nähe: Fahrradverleih, Reiten, Angeln, Restaurant und Bootsverleih*

20 In den Bergen, aber nicht weit weg von der Stadt

Auch hier eine perfekte, sehr ruhige Lage am südlichen Stadtrand von Žabljak, in ländlicher Umgebung mit Superblick auf die Durmitor-Berglandschaft, aber doch in Fahrrad- oder sogar Spazierentfernung zu allen Restaurants und auch zum Schwarzen See. Die Betreiber sind äußerst hilfsbereit.

Auto Kamp kod Boće

€ | Razvršje | Tel. +382 69 22 32 18 | kampkodboce.me | GPS 43.143614, 19.115631

- **Größe:** *30 Stellplätze, 11 Mietunterkünfte*
- **Ausstattung:** *WLAN (nur bei der Rezeption), kleiner Spielplatz, Waschmaschine, Feuer- und Grillstellen, Küche mit Kühlschrank, Gemeinschaftsraum*

Planen – Packen – Losfahren

Anreise

Kein großes Ding: Von Süddeutschland aus ist der Balkan eigentlich in Nullkommanichts zu erreichen. Die klassische Anfahrt aus Deutschland nach Kroatien führt über drei Grenzen, durch Österreich und Slowenien. Dabei gibt es zwei klare Optionen, beide durch Österreich und Slowenien. Bei der ersten Variante nehmt ihr die sehenswerte slowenische Hauptstadt Ljubljana mit, bei der zweiten die spannenden Zwischenstopps Graz und Maribor. Und auf beiden Routen bietet sich je eine nette Übernachtung in Slowenien an!

STRECKENCHECK

1	**München** **Salzburg** **Villach** **Ljubljana** **Zagreb**	**Entfernung** ca. 550 km **Reine Fahrzeit** ca. 6 Std.	**Kosten** Vignetten für mehr als eine Woche (Österreich und Slowenien): 43,50 € bis 3,5 t; Maut (Kroatien): 1,50 €
2	**München** **Graz** **Maribor** **Zagreb**	**Entfernung** ca. 610 km **Reine Fahrzeit** ca. 7 Std.	**Kosten** Vignetten für mehr als eine Woche (Österreich und Slowenien): 43,50 € bis 3,5 t; Maut (Kroatien): 1,50 €.

NÜRNBERG
Česko
Deutschland
WIEN
MÜNCHEN
SALZBURG
Österreich
2
1
GRAZ
VILLACH
MARIBOR
Slovenija
Italia
LJUBLJANA
ZAGREB
A
Hrvatska
B
BIH
Jadransko
More
C
60 km

1 MÜNCHEN SALZBURG VILLACH LJUBLJANA ZAGREB

Aus der bayerischen Hauptstadt geht es auf der A8 zunächst an Rosenheim und dem Chiemsee vorbei, dann ab der österreichischen Grenze auf der A1. In Österreich muss spätestens direkt nach Grenzübertritt eine **Autobahnvignette** auf die Windschutzscheibe geklebt werden, erhältlich ist sie z. B. an Tankstellen mit einer Gültigkeit von zehn Tagen (12,40 €), zwei Monaten (31,10 €) oder einem Jahr (103,80 €), Preise jeweils für Fahrzeuge bis 3,5 t zulässiges Gesamtgewicht. Es gibt auch eine digitale 1-Tages-Vignette (9,30 €), die ans Kfz-Kennzeichen gebunden ist (am besten bei *shop.asfinag.at* oder beim ADAC oder ÖAMTC; Vorsicht: einige Portale nehmen Wucherpreise). Südlich von Salzburg nehmt ihr die A10 in südöstlicher Richtung.

Am parallel zur Straße verlaufenden Fluss liegt die spektakuläre **Burg Hohenwerfen.** Nehmt die Ausfahrt Werfen, überquert die Salzach und fahrt dann auf der Straße 159 zur ausgeschilderten Burg. Der Clou: Die hoch über der Landschaft gelegene mittelalterliche Festung ist nicht ganz mit dem Auto zu erreichen, sondern nur per Wanderung oder Standseilbahn. Oben gibt's neben großartigen Aussichten auch ein Geschichtsmuseum und eine Falknerei mit regelmäßiger Greifvogel-Präsentation *(Burgstr. 2, Werfen | salzburg-burgen.at).*

Die A10 bringt euch bis nach Villach in Kärnten. Ein sehr schöner Tierpark nahe der Autobahn ist dort der **Affenberg Landskron** (Ausfahrt Ossiacher See/Villach, weiter auf der B94). Auf einer barrierefreien Führung durchs große Freilandgehege begegnet ihr den Makaken hautnah *(Schloßbergweg 26, Villach | affenberg.com).*

Beim Autobahnknoten Villach wählt ihr die A11 in Richtung slowenischer Grenze. Auch in Slowenien müsst ihr Geld für eine **Autobahnvignette** berappen: sieben Tage (16 €), ein Monat (32 €) oder ein Jahr (117,50 €). Campervans und Wohnmobile werden wie Pkw in der günstigeren Kategorie 2A erfasst, obwohl diese eigentlich nur für Fahrzeuge bis 1,30 m Höhe gilt. Inzwischen hat auch Slowenien auf eine E-Vignette umgestellt, die ans Kennzeichen gebunden ist. Diese gibt's u.a. beim ADAC und beim ÖAMTC. In Slowenien ist es dann die A2 bzw. E61 (internationale Bezeichnung), die sich bis nach **Ljubljana** schlängelt.

Die slowenische Hauptstadt ist definitiv gut für einen Aufenthalt. Das über dem Zentrum thronende mittelalterliche Schloss mit Standseilbahn und die großzügige Fußgängerzone selbst mit ihren Dutzenden Cafés, Restaurants und Kneipen sind besonders abends ein Blickfang und Treffpunkt gutgelaunter Schlenderer. Zum Übernachten wirklich gut ist der **Camper Stop Ljubljana,** familiengeführt und mit Restaurant, Stromanschluss, Dusche/WC ausgestattet *(pauschal 25€/Fahrzeug, Peruzzijeva ulica 105, Ljubljana,*

GPS 46.021202, 14.52294, ca. 8 km vom Stadtzentrum | Tel. +386 40 33 06 10 | camperstopljubljana.com).

Insider-Tipp

Satt essen

Gleich neben dem Camper Stop Ljubljana liegt das Pizzeria-Restaurant **Kubus** *(mit angeschlossenem kleinen Gasthaus) mit guter Küche, sehr fairen Preisen und großen Portionen.*

Aus Ljubljana geht ihr wieder auf die A2 und bleibt ihr treu bis zur kroatischen Grenze im Örtchen **Bregana.** Dort ist auch die Mautstation (Bezahlung in bar und per Karte, Campervans und Wohnmobile bis 3,5 t zugelassenes Gesamtgewicht und über 1,90 m Höhe fallen in die Fahrzeugklasse 2). Leider ist diese Station bei starkem Reiseverkehr überfordert und man muss manchmal lange warten. Über die E70 sind's dann nur noch 29 km bis ins Zentrum von Zagreb.

Solltet ihr nicht nach Zagreb wollen, sondern direkt an die Adriaküste, z. B. nach Istrien, fahrt ihr aus Ljubljana genau 100 km auf der A1 ins sehr sehenswerte italienische Triest. Von dort sind es keine 50 km zum ersten hübschen Ort an der kroatischen Küste: Umag.

2 MÜNCHEN GRAZ MARIBOR ZAGREB

Bis kurz vor Salzburg fahrt ihr genau wie oben beschrieben in Deutschland die A8 und auf österreichischer Seite die A1 entlang. Zur Vignettenpflicht in Österreich siehe den Text zur ersten Route. Bei Salzburg bleibt ihr nun auf der A1 und wechselt am Knoten Voralpenkreuz auf die A9 nach **Graz.** Auf der Straße 67 geht es dann mitten durch Graz. Eine gute Gelegenheit, einen Zwischenstopp einzulegen und die Hauptstadt des Bundeslandes Steiermark einmal genauer unter die Lupe zu nehmen. Fahrt mit Bergbahn oder Lift hinauf zum Schlossberg, schaut euch den legendären Uhrturm an, das renommierte Kunsthaus und die riesige Muschel, ein Kunstwerk von 2003, das als sogenannte „Insel" die beiden Ufer der Mur miteinander verbindet.

Auf der A9 geht's weiter gen Süden bis zur slowenischen Grenze. Zur Vignettenpflicht in Slowenien siehe die Informationen zu Route 1. Auf slowenischer Seite bringt euch die A1 nach **Maribor.** Die Stadt liegt inmitten von Weinbergen und Skigebieten, hier gibt's die älteste Rebe der Welt, das Schloss Maribor, Synagoge, Rathaus, Stadtpark, Dom- und Franziskanerkirche sowie den absoluten Stadtkern mit dem hübschen Hauptplatz Glavni Trg. Die perfekte Übernachtung: beim **Avtokamp Kekec** *(Pohorska ul. 35 c, Maribor, GPS 46.535653, 15.605502, 5 km vom Stadtzentrum | cck.si).*

Aus Maribor rollt ihr weiter auf der A4 nach Süden bis zur kroatischen Grenze und in Kroatien dann auf der A2 bis nach Zagreb. Die Mautstation liegt in Kroatien einige Kilometer hinter der Grenze, Zahlungsmöglichkeit sowohl in bar als auch per Karte.

Adventure Kids

Experten-Check von PaulCamper

Coole Spiele für lange Fahrten

Ich packe meinen Koffer

Der Erste startet mit dem Satz „Ich packe meinen Koffer und nehme mit …" und nennt einen Gegenstand. Reihum fügt ihr nun immer eine weitere Sache hinzu, müsst aber immer alle anderen bisher genannten Dinge davor aufzählen. Wer sich irrt, scheidet aus. Wie viele Dinge schafft ihr, in euren Koffer zu packen?

Wort an Wort

Ein Mitspieler beginnt, indem er ein Wort nennt. Legt euch dabei auf eine Kategorie fest: Tiere, Berufe oder Orte. Wenn ihr euch auf Tiere einigt, könnt ihr zum Beispiel mit „Elefant" anfangen. Der nächste Spieler muss dann ein Tier mit dem letzten Buchstaben dieses Worts nennen, hier mit t, zum Beispiel „Tiger". Ihr könnt es noch ein bisschen schwieriger machen, indem ihr zusammengesetzte Wörter nutzt. Zum Beispiel „Bauherr" – „Herrenhaus" – „Haustür" und so weiter. Wem nichts mehr einfällt, scheidet aus.

Kroatische & montenegrinische Geschichten erfinden

Erfindet gemeinsam eine Abenteuergeschichte (oder auch ganz viele)! Einer von euch denkt sich den Beginn der Geschichte aus. Der Nächste knüpft dann dort an, wo der Erste aufhört, und erzählt weiter. Solange, bis ihr zu Ende erzählt habt. So geht es los: Es war einmal ein Seefahrer, der hatte einen schwarzen Bart und ein Holzbein …

Entdeckungsreise Kroatien & Montenegro

Welchen Tieren bist du im Urlaub bereits begegnet?

- ○ Bergziege
- ○ Fuchs
- ○ Bär
- ○ Möwe
- ○ Seegurke
- ○ Seeigel

Das Quiz

1. Kennst du die Region, zu der Kroatien & Montenegro gehören?

Balkan

2. Kannst du erraten, wie viele Inseln Kroatien hat?

1244

3. Wie heißt die kroatische Währung? Und womit bezahlst du in Montenegro?

Beidemale Euro

4. Weißt du, welches große Land zwischen Kroatien und Montenegro liegt?

Bosnien und Herzegowina

Hast du dir die Karten von Kroatien und Montenegro angesehen? Zeichne die beiden Länder und trage ihre Hauptstädte ein.

Gut zu wissen

Ärztliche Versorgung & Gesundheit

Mit der **Europäischen Krankenversicherungskarte** (EKVK, gibt's bei der Krankenkasse) könnt ihr in jedem EU-Land (und damit auch in Kroatien) zu denselben Bedingungen zum Arzt gehen wie die jeweils versicherten Einheimischen. In Montenegro seid ihr dagegen auf eine **Reisekrankenversicherung** angewiesen, wenn ihr nicht jeden Arztbesuch und jede Behandlung aus eigener Tasche bezahlen wollt. Auch als Zusatzabsicherung für Kroatien kann eine solche Police nicht schaden. Die ärztliche und zahnärztliche Versorgung, besonders in Privatpraxen, sowie die Ausstattung der Apotheken ist durchweg in Ordnung, eine Verständigung auf Englisch meist möglich. Infos rund um das Coronavirus sowie Vorgaben zu Impf- oder Testnachweisen findet ihr unter *auswaertiges-amt.de* beim Stichwort „Sicher Reisen".

NOTFALLNUMMERN

Allgemeiner Notruf: 112
Rettungskräfte: Kroatien 194, Montenegro 124
Polizei: Kroatien 192, Montenegro 122
Sperrnummer bei EC-/Kreditkarten- oder Handyverlust: + 49 116 116, Kreditkartennummer, IBAN/BIC bzw. Handynummer bereithalten

Diplomatische Vertretungen

Kroatien

Deutsche Botschaft: Ul. grada Vukovara 64, Zagreb | Tel. +385 16 30 01 00 | *zagreb.diplo.de*

Österreichische Botschaft: Radnička cesta 80, Zagreb | Tel. +385 14 88 10 50 | *bmeia.gv.at/oeb-agram*

Schweizer Botschaft: Ul. Augusta Cesarca 10, Zagreb | Tel. +385 14 87 88 00 | *eda.admin.ch/zagreb*

Montenegro

Deutsche Botschaft: Hercegovačka 10, Podgorica | Tel. +382 20 44 10 00 | *podgorica.diplo.de*

Österreichische Botschaft: Svetlane Kane Radević br.3, Podgorica | Tel. +382 20 20 11 35 | *bmeia.gv.at/oeb-podgorica*

Die **Schweizer Botschaft** in Serbien ist auch für Montenegro zuständig: Bulevar Oslobodjenja 4, Belgrad | Tel. +381 1 13 06 58 20 | *eda.admin.ch/belgrad*

Einreisebestimmungen & Zoll

Einreise- und Zollbestimmungen können sich kurzfristig ändern. Daher vorab bei den konsularischen Vertretungen des Ziellandes oder beim Auswärtigen Amt erkundigen. Der Zoll informiert über die aktuell geltenden Zollbestimmungen bei Wiedereinreise *(zoll.de | bmf.gv.at | bazg.admin.ch)*. Zur Einreise reicht in beiden Ländern in der Regel ein Personalausweis, im Falle Montenegros aber nur für einen Aufenthalt bis zu 30 Tagen (darüber hinaus ist ein Reisepass erforderlich). Waren für den persönlichen Bedarf können nach Kroatien in Mengen, wie sie in der EU erlaubt sind, ein- und ausgeführt werden (z. B. pro Person 10 l Spirituosen und 60 l Schaumwein). Für Montenegro gelten striktere Vorgaben.

Entsorgungsstellen

Entsorgung außerhalb von Campingplätzen ist in Kroatien und Montenegro nicht üblich. Hinzu kommt, dass viele kleine Orte entlang der Adriaküste mit der Bezeichnung „Camp" oder „Kamp" eigentlich nur spartanisch ausgestattete Hinterhöfe und Stellplätze sind, die wenig überraschend auch keine Entsorgung von Chemie-WC anbieten. Ähnlich sieht es bei Naturplätzen aus, z. B. in den Bergen. Bei richtigen Campingplätzen gehört eine volle Entsorgung aber zum Standard. Generell gilt also, dass ihr jede Gelegenheit zur Entsorgung nutzen solltet, um dann wieder für einige Tage unabhängig zu sein.

Fähren

Montenegro besitzt keine Inseln, die per Fähre erreicht werden könnten, Kroatien aber dafür umso mehr. Dank des großzügigen Netzes an Fähren sind auch Rundreisen von Insel zu Insel machbar. Der Quasi-Monopolist ist die kroatische Fährlinie Jadrolinija *(jadrolinija.hr)*. Alle Tickets lassen sich auch vorher online

PaulCamper

Selbstbestimmt Freiheit und Unabhängigkeit erleben

Mit PaulCamper wird dein Roadtrip etwas Besonderes!

Ob Jahresurlaub oder kleine Auszeit, ein Roadtrip im Camper oder Wohnmobil ermöglicht dir, flexibel und selbstbestimmt zu reisen. Mit Europas größter Vermittlungsplattform für Campingbusse, Wohnmobile und Wohnwagen wird der Traum von Abenteuer und Unabhängigkeit ganz schnell wahr.

Bei PaulCamper findest du individuelle Camper von erfahrenen Vermietern. Die Campingausstattung ist bei allen Fahrzeugen schon enthalten und natürlich fährst du komplett versichert in den Urlaub.

Camper aussuchen, buchen und losfahren
www.paulcamper.de

WAS KOSTET WIE VIEL?

Milchkaffee (zum Mitnehmen oder im Café) 3 €

Abendessen mit Bier/Wein im Restaurant 25 € in Kroatien, 20 € in Montenegro

Diesel 1,55 € pro l in Kroatien, 1,50 € in Montenegro

Fahrradverleih 15 € pro Tag (Adriaküste beider Länder)

Museum ca. 5–15 €

kaufen und dann elektronisch vorzeigen auf dem Smartphone, was den Stress im Hafen deutlich reduziert.

Gas & Strom

Die Standardgasflaschen sind am ehesten in Camperservice-Geschäften zu finden. Dort werden auf Wunsch auch leere Flaschen aufgefüllt, ebenso an Tankstellen (gerade kleineren) mit Autogas, die über einen entsprechenden Adapter verfügen. Allerdings lehnen auch viele die Auffüllung ab, z. B. wenn der TÜV-Termin abgelaufen ist. Aber auch Tankstellen, Bau- und teils sogar Supermärkte haben Gasflaschen im Sortiment. Da Montenegro deutlich weniger auf Camper eingestellt ist als das touristische Kroatien, solltet ihr mit ein wenig Vorrat dort einreisen. Steckdosen sind in beiden Ländern identisch mit denen in Deutschland und Österreich. Auch die Netzspannung ist in Kroatien mit 230 V dieselbe, in Montenegro mit 220 V sehr ähnlich.

Geld & Banken

In Kroatien wird seit 2023 mit dem Euro bezahlt. Geld abzuheben ist kein Problem, wählt aber lieber den ATM einer richtigen Bank und nicht eine dieser Geldautomaten-Ketten. Dort sind die Gebühren meist höher. Dieselbe Situation findet ihr in Montenegro vor, wo schon immer in Euro (und in alten Zeiten in D-Mark) bezahlt wurde. Aber Vorsicht: Die Maestro-Funktion für Girokarten (EC-Karten) stirbt aus und wird nach und nach durch eine Nachfolgeprodukt (Debit-Karte) ersetzt, deshalb werden Maestro-Karten nicht mehr von jedem Automaten bzw. Shop-Terminal angenommen.

Hunde

In beiden Ländern werden mit wenigen Ausnahmen die besten Freunde des Menschen auf den Campingplätzen akzeptiert. Je nach Platz variiert dann nur, ob es eine Leinenpflicht gibt und wie streng diese überwacht wird. Auf Terrassen von Gaststätten ist es sowieso fast nie ein Problem, aber auch in Innenräumen von Cafés und Restaurants werden immer häufiger Hunde akzeptiert. Insgesamt fällt auf, dass Hunde als Haustiere in Kroatien viel stärker verbreitet sind als in Montenegro, wo sie eher die klassische Wachhundfunktion auf dem Hof haben. Hundefutter gibt es überall zu kaufen. Ihr solltet für euer Haustier einen **EU Pet Passport** dabeihaben, den ihr vom Tierarzt daheim ausgestellt bekommt. Der Hund muss dafür innerhalb der letzten sechs Monate gegen Tollwut geimpft worden sein und einen Chip implantiert haben. Den Pass griffbereit ha-

MONOPOL

Die Jadrolinija-Fähren bedienen alle Wasserstrecken in und um Kroatien.

ben, er wird nicht immer, aber gelegentlich an der Grenze zur Kontrolle verlangt.

Maut & Vignetten

Im Kapitel „Anreise" ist dargestellt, welche Vignetten, sprich Autobahngebühren, euch unterwegs aus Deutschland erwarten, nämlich in Österreich und Slowenien. Die gute Nachricht zuerst: In Montenegro lauern auf euch keine Gebühren – es gibt natürlich auch nur ein kurzes Stück Autobahn. Der Sozina-Tunnel von der Küste in Richtung Hauptstadt Podgorica kostet 2,50–10 €, zu zahlen an der Nordausfahrt bzw. -einfahrt. In Kroatien kann eure Bank- oder Kreditkarte dagegen bei einer längeren Tour schon ein wenig heiß laufen: Vignetten zum Aufkleben auf die Windschutzscheibe gibt's keine, dafür aber zahlreiche Mautstationen, an denen ihr entweder ein Ticket zieht oder eben be-

REISEZEIT & WETTER

Die perfekten Monate für einen Trip sind eigentlich Mai, Juni und September, wenn alles schon oder noch geöffnet ist, die Sonne herrlich wärmt, aber deutlich weniger touristischer Betrieb herrscht. Sogar im April und Oktober könnt ihr getrost euren Balkanurlaub antreten, ohne zu zittern, auf grauen Himmel zu starren oder bei Campingplätzen vor verschlossenen Türen zu stehen. Die Hauptsaison findet während der Sommerferien statt, also den ganzen Juli und August. Dann reisen nicht nur die Ausländer (vor allem Deutsche, Österreicher und Polen), sondern auch die Einheimischen in großer Zahl. Und es kann heiß werden: 30 °C sind keine Seltenheit, es können in der Spitze auch mal 35 °C oder mehr werden.

zahlt, per Karte oder in bar. Seit 2025 gibt's auch eine E-Vignette, welche die Staus an den Mautstationen entlasten soll. Billig ist das definitiv nicht gerade, lohnt sich aber in diesem bergigen Land trotzdem, wenn parallel keine gute Fernstraße verläuft. Die Brücke von der Insel Krk aufs Festland und die Pelješac-Brücke nahe Dubrovnik sind mautfrei. Eine sehr gute Übersicht mit allen Infos gibt's auf *adac.de* unter dem Suchbegriff „Maut in Kroatien", aktuelle Preise findest du auf der Seite der kroatischen Autobahnbetreiber: *hac.hr*.

Öffnungszeiten

Große Supermärkte sind in Kroatien sieben Tage die Woche geöffnet, oft von morgens bis spät abends, kleinere Geschäfte schließen oft am Samstagnachmittag und am Sonntag. In Montenegro erlaubt das Ladenschlussgesetz nur besonderen Verkaufsstellen (Tankstellen, Bäckereien etc.) an Sonntagen zu öffnen.

Parken, Abstellen & Freistehen

Besonders in den touristischen Orten Kroatiens entlang der Küste ist es nicht immer einfach, einen bequemen, günstigen und gut gelegenen Parkplatz zu finden. Im Zweifelsfall ist es ratsam, Einheimische zu fragen. In Städten lieber gleich ein Parkhaus oder einen großen Parkplatz anpeilen anstatt sich zu quälen. Der Vorteil ist dabei auch, dass dort an großen Automaten oder Büdchen gezahlt wird, denn für Straßenparkplätze sind tatsächlich immer noch viele kleine Automaten nur für Münzzahlung vorgesehen. Manchmal gibt's auch Wechselautomaten. Allerdings setzen sich elektronische Bezahlmethoden immer mehr durch. Wenn es nicht ausdrücklich verboten ist, darf man auch über Nacht auf einem Parkplatz stehen, allerdings dann nicht Campingstühle etc. herausstellen – es sei denn, das Gelände ist als Womo-Stellplatz ausgewiesen. Wildcampen ist in Kroatien verboten und wird gerade an der Adriaküste auch kontrolliert und mit Geldstrafen geahndet. In ruhigeren Gegenden im Inland kann man sich schon mal eher ein Plätzchen suchen, gerade für eine Nacht. In Montenegro ist das Freistehen dagegen nicht eindeutig geregelt – versucht einfach euer Glück! Ansonsten gibt's ja auch Apps wie Park4 Night.

Sicherheit

Die Sicherheitslage in Kroatien und Montenegro weicht nicht vom europäischen Durchschnitt ab. Trotzdem gelten natürlich die Grundregeln, immer alles abzuschließen, Geldbörse und Papiere stets dabeizuhaben und keine Wertsachen offen im Fahrzeug zur Schau zu stellen.

Strände

Wie im Mittelteil dieses Bandes erwähnt, sind die meisten Strände recht steinig – aber wegen des warmen Wassers und der attraktiven Lage, häufig in schnuckeligen Buchten, trotzdem empfehlenswert. Umso mehr freut man sich dann aber, wenn's wie beim Großen Strand hinter Ulcinj in Montenegro oder an der Südküste der kroatischen Insel Korčula mal so richtigen, herrlichen Sand gibt!

Tempolimits & Verkehrsregeln

Wenn nicht anders ausgewiesen, gilt in **Kroatien** 50 km/h in geschlossenen Ortschaften, 90 km/h außerhalb und 130 km/h auf Autobahnen, in **Montenegro** 50 km/h in geschlossenen Ortschaften und 80 km/h außerhalb. Ihr müsst in beiden Ländern ein Erste-Hilfe-Set, ein Warndreieck, eine reflektierende Weste und einen Feuerlöscher an Bord haben sowie rund um die Uhr und das ganze Jahr lang mit Abblendlicht fahren. Die Alkoholgrenze liegt in Kroatien bei 0,5 und in Montenegro bei 0,3 Promille.

Telefon & Internet

Der Empfang ist fast überall gut. Im EU-Land Kroatien könnt ihr unbesorgt per Roaming mit dem eigenen Smartphone im Netz surfen, in Montenegro kann das schnell sehr teuer werden. Daher dort unbedingt die mobilen Daten sofort ausschalten.

Insider-Tipp

SIM Salabim

In Montenegro werden ***Prepaid-SIM-Karten*** *für Touristen angeboten, sie beinhalten ein bestimmtes Gesprächs- und Datenvolumen zu günstigen Konditionen. Ihr bekommt sie ab 10 € in den Shops der verschiedenen Anbieter, wie T-Mobile, oder an normalen Kiosken. Also entweder Werkzeug zum Öffnen eures Handys nicht vergessen oder eSIM kaufen.*

Zeitverschiebung

Wie bei uns gilt die Mitteleuropäische Zeit – derzeit auch immer noch mit identischer Sommer- und Winterzeit.

SPERRANGELWEIT

Was will das Stellplatz-Herz mehr als solche Perspektiven?

Feste & Events

FOLKLORE

Beim Frühlingsumzug der Königinnen wird getanzt und gesungen.

Februar/März

Mimosenfest: laute Begrüßung der Blüten in Herceg Novi (MNE), *hercegfest.me*

Karneval: Maskenbälle und Prozessionen entlang der Küste in beiden Ländern.

Insider-Tipp
Extra jeck

Besonders ausgelassen feiert man Karneval in der ***Kvarner Bucht****, in Rijeka und Umgebung (HR).*

Mai

Lange Nacht der Museen: Landesweit können Dutzende Museen in Montenegro kostenlos besichtigt werden.

Sea Star Festival: Elektro, House und Techno im istrischen Umag (HR), an zwei Tagen Ende Mai, *seastarfestival.com*

Juni

INmusic Croatia: Internationale Rockgrößen auf Kroatiens größtem Open-Air-Festival in Zagreb, *inmusicfestival.com*

Made in New York Jazz: Hochkarätige internationale Musiker vom Range Dee Dee Bridgewaters bestreiten an drei Tagen diverse Konzerte – meist in Podgorica und Porto Montenegro (Tivat) nahe Kotor. *madeinnyjazz.com, jazzmne.com*

Plitvice Marathon: Straßenläufe (auch Halbmarathon und 10-km-Rennen) in der einzigartigen Umgebung des Nationalparks (HR), *plitvice-marathon.com*

Juli

Thrill Blues Festival: An zwei Tagen wird mit internationalen Gästen im kroatischen Ort Trilj der Blues zelebriert, *thrillblues festival.com*

International Fashion Festival: Designer-Modenschau in Porto Montenegro in Tivat, jeder kann kommen und zuschauen, kulinarisches und musikalisches Rahmenprogramm, *iffportomontenegro.com*

August

Film Festival: Filmvorführungen in Herceg Novi in toller Atmosphäre unter freiem Himmel, teils mit englischen Untertiteln, *filmfestival.me*

Sea Dance Festival: Kult-Musikevent, meist in Budva (MNE), zuletzt auf der kroatischen Insel Krk, *seadancefestival.me*

Dekmantel Selectors: das etwas andere Festival in Tisno (HR), nur 2500 Gäste, entspannte Atmosphäre mit Konzerten, Beach Bars, Partyschiffen und Indie-Filmvorführungen, *dekmantelselectors.com*

September

Split Film Festival: große, über einwöchige Filmschau Anfang September mit Betonung auf Avantgarde und Experimentellem (HR), *splitfilmfestival.com*

Oktober

Halloween: Hexen und Nixen haben einen Tag lang das Sagen in Budva (MNE), wenn die Stadt zur „Town of Horror" wird.

November

Podgorica Marathon: In der montenegrinischen Hauptstadt wird gelaufen, was das Zeug hält, *podgorica.run*

Dezember

Neujahrskonzerte: In vielen Städten wird am 31. Dezember das alte Jahr unter freiem Himmel mit Musik verabschiedet.

FEIERTAGE

1. Jan. Neujahr (HR & MNE)

6. Jan. Heilige Drei Könige (HR)

6./7. Jan. Orthodoxes Weihnachtsfest (MNE)

Ostersonntag, -montag (HR)

Orthodoxes Osterfest (MNE)

1. Mai Tag der Arbeit

21. Mai Unabhängigkeitstag (MNE)

30. Mai Tag der Staatlichkeit (HR)

Fronleichnam (HR)

22. Juni Tag des Kampfes gegen den Faschismus (HR)

13. Juli Tag des Staates (MNE)

5. August Nationalfeiertag (HR)

15. August Mariä Himmelfahrt (HR)

1. November Allerheiligen (HR)

18. November Gedenktag (HR)

25./26. Dez. Weihnachten (HR)

Camper-Packliste

Experten-Check von PaulCamper

CAMPINGAUSRÜSTUNG

- ○ Gasflasche (und ev. Gasinhaltsmesser)
- ○ Frischwasserkanister
- ○ Abwasserschlauch
- ○ Kabeltrommel
- ○ Campingstromadapter
- ○ Auffahrkeile oder Holzbretter als Stütze
- ○ Sanitärflüssigkeit für Campingtoilette (falls vorhanden)
- ○ Toilettenpapier
- ○ Campingstühle und -tisch
- ○ Markise und Vorzelt
- ○ Heringe und Gummihammer
- ○ Handfeger und Schaufel
- ○ Decke und Kopfkissen, alternativ Schlafsack
- ○ Wäscheleine und -klammern
- ○ Campingleuchte oder Laterne
- ○ Taschenlampe oder Stirnlampe
- ○ Taschenmesser
- ○ Duct-Tape
- ○ Handwaschmittel
- ○ Mückenspray, Sonnencreme
- ○ Nagelset (inkl. Pinzette)

Zusätzlich

- ○ MARCO POLO Straßenkarte(n)
- ○ Grill (Koffergrill oder Gasgrill)
- ○ Hängematte
- ○ Decke
- ○ Kartenspiele
- ○ Mehrfachsteckdose
- ○ USB-Adapter für Zigarettenanzünder
- ○ Powerbank

SICHERHEITSAUSRÜSTUNG

- ○ Reiseapotheke
- ○ Verbandskasten (Ablaufdatum beachten)
- ○ Warndreieck und -weste (1 pro Person)
- ○ Feuerlöscher
- ○ Ersatzreifen
- ○ Wagenheber und Radkreuz
- ○ Ersatzkanister und Einfüllstutzen
- ○ Motoröl
- ○ Starthilfekabel
- ○ Abschleppseil
- ○ Werkzeugkasten
- ○ evtl. Ersatzglühbirnen und -sicherungen

CAMPINGKÜCHE

- ○ Küchenutensilien
- ○ Kühlbox (wenn kein Kühlschrank eingebaut)
- ○ Töpfe, Pfannen
- ○ Besteck inkl. Kochlöffel, Teller, Tassen, Gläser
- ○ (Brot-, Schneide-) Messer
- ○ Tupperdosen (für Reste)
- ○ Sieb
- ○ Reibe
- ○ Dosenöffner
- ○ Flaschenöffner, Weinöffner
- ○ Alufolie
- ○ Schere
- ○ Geschirrtücher, Spülmittel, Lappen, Küchenrolle
- ○ Topflappen
- ○ Müllbeutel
- ○ Kaffeekocher
- ○ Feuerzeug, Streichhölzer

NAHRUNGSVORRAT

- ○ Salz & Pfeffer, Gewürze (z. B. in kleinen Gläsern)
- ○ Öl, Essig
- ○ Kaffee, Tee
- ○ Müsli, Cornflakes
- ○ Brot, Aufstriche
- ○ Vorratslebensmittel (Nudeln, Reis, Linsen)
- ○ Gemüsekonserven: Tomaten, Mais, Kidneybohnen
- ○ Notration Essen (z. B. Dosenravioli)
- ○ Getränke

Fahrzeug-checkliste

Experten-Check von PaulCamper

LÄNGERFRISTIG

- ○ Gasprüfung gültig?
- ○ Grüne Versicherungskarte gültig?
- ○ HU/AU (Haupt- und Abgasuntersuchung) gültig?
- ○ Auflaufbremse geprüft (Fachwerkstatt)

MITTEL- & KURZFRISTIG

- ○ Was tanken (Benzin/ Diesel)?
- ○ Beladungsgrenze/ -zustand?
- ○ Welche Reifen für die Destination nötig?
- ○ Winter- bzw. Sommerreifen montiert?
- ○ 12-V-Kabel vorhanden?
- ○ Profiltiefe der Reifen gecheckt?
- ○ Ölstand gecheckt?
- ○ Kühlmittelstand gecheckt?
- ○ Reifendruck gecheckt?
- ○ Öl, Kühlwasser und AUS 32/AdBlue bei Dieselmotor zum Nachfüllen vorhanden?
- ○ Ladezustand Starterbatterie und Wohnraumbatterie gecheckt?
- ○ Toilette an Bord und entleert?
- ○ Wassertank vorhanden und gefüllt?
- ○ Wasserpumpe funktioniert?
- ○ Gasvorrat vorhanden?
- ○ Markise/Sonnensegel/ Regenalternative vorhanden?
- ○ Vorzelt nötig?
- ○ Wohnwagen: Elektrostecker funktionieren (Bremslichter und Co)?

VOR DER ABFAHRT

- ○ Dachluke geschlossen?
- ○ Fenster zu?
- ○ (Stand-)Heizung aus?
- ○ Markise eingefahren und gesichert?
- ○ Kühlschrank verriegelt und auf 12 V umgestellt?
- ○ Alles vom Tisch geräumt und gesichert?
- ○ Schubladen/Schränke sicher geschlossen?
- ○ Tische und Stühle sicher verstaut?
- ○ Herdabdeckung zu?
- ○ Gasventil geschlossen?
- ○ 230-V-Kabel getrennt und eingepackt?
- ○ Wasserpumpe abgeschaltet?
- ○ Abwassertank geschlossen?
- ○ Trittstufe eingefahren?
- ○ Stützen eingefahren und Keile verstaut?
- ○ Wassertankdeckel verschlossen?
- ○ Handbremse gelöst?
- ○ Heckgarage abgeschlossen?
- ○ Alle Mitfahrer inklusive Hund an Bord?

Dann kann's losgehen!

Camper-Wörterbuch Kroatisch

Höflich sein

Hallo | tschüss pozdrav
Danke | bitte hvala | molim
Ja | nein | vielleicht da | ne | možda
Entschuldigung! Isprike!
Wie heißt du | Wie heißen Sie? Kako se zoveš? | Kako se zovete?
Mein Name ist ... Zovem se ...
Wie geht es dir | Ihnen? Kako si? | Kako ste?

Beim Einkaufen

Bäckerei pekarnica
Drogerie drogerija
Einkaufszentrum trgovački centar
Markt tržnica
Metzgerei mesnica
Supermarkt supermarket
Ich hätte gerne ... Htio ...
Wie viel kostet das? Koliko to košta?
bar | Kreditkarte gotovina | kreditna kartica

Einkaufsliste

Alufolie aluminijska folija
Bier | Wein pivo | vino
Brot | Brötchen kruh | pecivo
Butter | Margarine maslac | margarin
Essig | Öl ocat | ulje
Eier jaja
Fisch riba
Gemüse povrće
Käse sir
Marmelade | Honig marmelada | med
Milch | Sahne mlijeko | vrhnje
Müsli žitarice
Nudeln | Spaghetti tjestenina | špageti
Obst voće
Toilettenpapier toaletni papir
Wasser voda
Wurst | Fleisch kobasica | meso

Gesund bleiben

Apotheke | Arzt ljekarna | liječnik
Desinfizieren dezinfekcija
Desinfektionsmittel sredstvo za dezinfekciju
Durchfall proljev
Fieber vrućica
Halsschmerzen grlobolja
Kopfschmerzen glavobolja
Krankenhaus bolnica
Krankenwagen vozilo hitne pomoći
Krankenversicherung zdravstveno osiguranje
Pflaster flaster
Schmerztabletten tablete protiv bolova

Unterwegs

Abschleppen vuča
Autobatterie akumulator
Autobahn autocesta
Baustelle gradilište
Benzin (bleifrei) benzin (bezolovni)
Bremslicht kočiono svjetlo
Diesel dizel

Ersatzreifen zamjenske gume
Führerschein vozačka dozvola
Getriebe prijenos
Luftdruck atmosferski tlak
Maut cestarina
Öl ulje
Ölwechsel zamjena ulja
Panne kvar
Parkplatz parkiralište
Reifen gume
Reifenschaden oštećenja guma
Sackgasse slijepa ulica
Schotterstraße šljunčana cesta
Starthilfekabel pomoćni kabel za pokretanje
Strafzettel kazna za parkiranje
Tankanzeige pokazatelj razine goriva
Tankstelle benzinska postaja
Temperaturanzeige pokazatelj temperature
Umleitung preusmjeravanje
Wagenheber dizalica
Warndreieck signalni trokut
Wassertank spremnik za vodu
Werkstatt radionica
Werkzeug alat
Zoll carina

Auf dem Campingplatz

Abfall | Müll otpad | smeće
Abwasser otpadna voda
Ankunft | Abreise dolazak | odlazak
Batterie baterija
Brennspiritus denaturirani alkohol
Campingplatz mjesto za kampiranje
Dosenöffner otvarač konzervi
Dusche tuš
Elektroanschluss električni priključak
Flaschenöffner otvarač za boce
Frischwasser slatka voda
Gabel vilica
Gasflasche plinska boca
Gaskocher plinsko kuhalo
Geschirrspülbecken kuhinjski sudoperi
Grillen roštilji
Grillkohle ugljen za roštilj
Hammer čekić
Hering sleđ
Hunde erlaubt | nicht erlaubt dozvoljen pristup psima | nije dozvoljen pristup psima
Kerze svijeća
Korkenzieher vadičep
Lagerfeuer logorska vatra
Leihen posudbe
Löffel žlica
Messer nož
Müll Rifiuti
Petroleumlampe petrolejska svjetiljka
Pool bazen
Schlafsack vreća za spavanje
Schmutzwasser prljava voda
Sonnencreme krema za sunčanje
Steckdose utičnica
Streichhölzer šibice
Strom struja
Stromanschluss električno napajanje
Taschenlampe baterijska svjetiljka
Taschenmesser džepni nož
Toilette toalet
Trinkwasser pitka voda
Vorzelt nadstrešnica
Wäscheklammer kvačica za rublje
Wasser (kalt | warm | heiß) voda (hladna/topla/vruća)
Wasseranschluss priključak vode
WLAN Wi-Fi
Wohnmobil kamper
Wohnwagen kamp-kućica
Zelt šator
Zeltstange štapovi za šator

Urlaubsfeeling

Playlist

▶ **Goran Bregović – Mesecina**
Den Song schuf der legendäre Filmkomponist schon 1995 für Emir Kusturicas satirischen Film „Underground".

▶ **Perper – Montenegro Jazz**
Der klassische Hit der allseits bekannten Band aus Cetinje hat zwar „Jazz" im Titel, ist aber ein Popsong.

▶ **Gilles Tinayre – Bohemian Groove Song**
Der Künstler mixt hier ein wenig Reggae in seinen wilden Balkan-Sound.

▶ **Ne Bih Se Mijenja ft. Smoke Mardeljano – Who See**
Macht Spaß, auch ohne ein Wort vom montenegrinischen Rap zu verstehen.

▶ **Oliver Dragojević – Tko sam ja da ti sudim**
Etwas schnulzig, aber schön melodiös, vom Urgestein dalmatinischer Musik.

Den Soundtrack zum Urlaub gibt's auf **Spotify** unter **MARCO POLO Croatia**

Code mit Spotify-App scannen

Lesestoff & Filmfutter

Rückwärtswalzer: oder Die Manen der Familie Prischinger – Toller Roman der jungen österreichischen Autorin Vea Kaiser über Onkel Willi, der in Wien stirbt, aber in seinem Geburtsland Montenegro bestattet werden möchte. Roadtrip, Familienepos und haufenweise schräge Geschichten – alles in einem.

Game of Thrones – Sehr viele Szenen dieser US-amerikanische Fantasy-Fernsehserie wurden in Split, Dubrovnik und an anderen kroatischen Schauplätzen gedreht. Ganze Reisetouren folgen den Spuren der Serienhelden vor Ort.

Brothers Bloom – Rian Johnson inszenierte die sympathische Gaunerkomödie (2008), die u. a. in Montenegro spielt, mit Rachel Weisz, Mark Ruffalo und Adrien Brody. Nicht nur die Strandaufnahmen von der Adria machen Lust auf mehr.

Mamma Mia 2 – Gemeint ist der zweite Teil des Musikfilms mit Meryl, Pierce, Cher und all den anderen. Während für den ersten Teil eine Location in Griechenland genutzt wurde, landete man in der Fortsetzung auf der kroatischen Insel Vis. Und die Taverne ist in Wirklichkeit eine dalmatinische Konoba.

Apps, Blogs, Websites & Videos

discover-montenegro.com
Infos auf Englisch zu Kultur und Geschichte, Geografie und Natur. Auch Tipps für Aktivitäten und viele Fotos.

croatia.hr, App »Explore Croatia«
Die Angebote des kroatischen Tourismusverbands bringen in Reisestimmung: gut gestaltet, breit aufgestellt.

facebook.com/budva
Der Fotograf Danijel Jovanovic aus Innsbruck zeigt hier tolle Fotos aus ganz Montenegro. Außerdem findet ihr interessante Links und Videos.

epepa.eu/top-15-most-instagrammable-places-in-croatia
Die 15 schönsten Fotospots in Kroatien – jeweils natürlich mit dem Beweis in Form eines tollen Bildes.

Park4Night
Für viele Globetrotter kaum noch wegzudenken. Die App mit unzähligen offiziellen und inoffiziellen Stellplätzen für Womos und Campervans – von Reisenden für Reisende.

Jadrolinija
Die App der kroatischen Fährgesellschaft ist höchst praktisch. Kein langes Suchen mehr auf der Website, sondern schnell Verbindungen finden und online Tickets kaufen.

National Parks of Montenegro
Die fünf Nationalparks des Landes werden in der App mit interaktiven Karten vorgestellt. Virtuelle Touren, Fotogalerien und aktuelle Event-Infos dürfen natürlich auch nicht fehlen.

WEGTRÄUMEN?

Mit Playlist, Lesestoff und Filmen den Urlaub aufleben lassen.

Register

Campingplätze

Bildnachweis

Titelbild: Campingplatz von Savudrija, Kroatien (mauritius images/Alamy/Panther Media GmbH)

Fotos: iStock.com: anyaberkut (188/189), apomares (205), Bee-individual (206), Koldunov (211); M. Kaupat (6, 28, 35, 55, 60, 64, 68, 80, 86, 91, 95, 98, 104, 106, 108, 119, 120, 134, 148, 180, 219); mauritius images / Alamy: I. Coric (96); Shutterstock.com: Baigozin (115), R. Balasko (73), BalkansCat (36), bernio004 (12, 62), P. Debat (46), DisobeyArt (4/5), J. Dolezal (38), Dreamer4787 (32, 92), A. Fedorenko (131), F. Fell Media (82, 139), K. Fisher (102), Fotografie-Kuhlmann (16), A. Furlan (40), givaga (140), iascic (11), R. Ionut Dragomirescu (52), istetiana (100), G. Janos (31), kamnacestach (185), M. Krzyzak (42), J. Kubes (58), U. Laganovskis (146), leonov.o (126), B. Lyjak (17), MaleWitch (170), mama mia (15), D. Mammoser (156), R. Maras (144), Marycpilas (202), Mikadun (84), mislaw (27), MoWu (132), J. Moxon (110), mRGB (Klappe vorne innen), nadtochiy (18/19), novac.elcic (182), oksana.perkins (201), OPISZagreb (22, 56), ozzy1989 (176), D. Pankowiec (143), A. Petrus (124), Puntacristo (44), Risen20019 (Klappe hinten innen), A. Safaric (77), O. Savchuk (172), sduraku (154), SnapTPhotography (78), M. Storer (158, 186), Sun_Shine (151, 168), SuperFlo (167), Tupungato (199), A. Ugorenkov (163), upslim (174), xbrchx (8, 66, 74, 116, 122, 128), Xseon (51), Zdenek Matyas Photography (178), O. Zhugov (164); Smolll (152)

Kartografie: © KOMPASS-Karten GmbH, kompass.de unter Verwendung von © OpenStreetMap Contributors, osm.org/copyright

MIX
Papier | Fördert gute Waldnutzung
FSC® C155291

MARCO POLO Camper Guide Kroatien & Montenegro, 2., aktualisierte Auflage 2025
ISBN 978-3-575-02128-1
© MAIRDUMONT, Marco-Polo-Str. 1, 73760 Ostfildern
Alle Rechte vorbehalten

Text: Mirko Kaupat
Redaktion: Lucia Rojas, derschönstesatz
Gestaltung: Sofarobotnik, Augsburg & München
Übersetzung Camper-Wörterbuch: t'works Language Services GmbH

Printed in Germany

Lob oder Kritik? Wir freuen uns auf deine Nachricht!
Trotz gründlicher Recherche schleichen sich manchmal Fehler ein. Wir hoffen, du hast Verständnis, dass der Verlag dafür keine Haftung übernehmen kann.
MARCO POLO Redaktion • MAIRDUMONT • info@marcopolo.de

MARCO POLO AUTOR
Mirko Kaupat
Kroatien und Montenegro. Da fühlt er sich wie zu Hause, denn nirgendwo kommt der Name Mirko so häufig vor wie hier. Neben vielen anderen Dingen gefällt dem Autor an der Adria, dass man sich seinen Genuss oft ein wenig verdienen muss, aber dann tausendfach belohnt wird. Zum Beispiel beim Aussichtspunkt an der Küstenstraße: Irgendwo rauf zu einer kleinen Kirche. Na ja, mal schauen. Es ist steil, kurvig und eng. Aber dann bist du oben und musst erstmal den Mund zuklappen – ein Panorama, viel zu schön für eine Postkarte.

Bloß nicht ...

1 *EU, Schengenraum und Eurozone verwechseln*

Also, wie war das noch einmal? Genau: Kroatien ist in der Europäischen Union und gehört seit 2023 auch zur Eurozone und zum Schengenraum; Montenegro ist (noch) nicht in der EU-Staatengemeinschaft und deshalb auch nicht im Schengenraum, aber hier wird trotzdem mit Euro bezahlt. Alles ganz easy.

2 Sich zwischen den Etagen verirren

Wenn ihr in Kroatien nach der ersten Etage („first floor") fragt, landet ihr genau dort: in der ersten Etage, also eine Ebene über dem Erdgeschoss. In Montenegro dagegen wird wie in Russland gezählt: Die erste Etage ist das Erdgeschoss, die zweite dann das, was wir als ersten Stock bezeichnen.

3 EINE KLIMAANLAGE DIREKT ÜBERM KOPF

Im Hochsommer kann es sich auf dem Balkan ganz schön aufheizen. Ein wenig A/C sorgt da für Erfrischung. Aber achtet unbedingt darauf, dass euch die Luft nicht direkt ins Gesicht bläst. Kühlung ja, aber mit Abstand.

4 OHNE EURO-MÜNZEN HERUMFAHREN

Sicher, fast überall kann man inzwischen per EC- bzw. Kreditkarte oder App bezahlen. Aber bei vielen in die Jahre gekommenen Parkautomaten, am Büdchen beim Parkwächter oder in Mini-Museen und kleinen Lädchen eben auch nicht. Denkt also am besten immer an ausreichend Münzvorrat im Portemonnaie. Sehr nützlich auch für Trinkgelder auf dem Campingplatz oder für die aufmerksame Bedienung im Lokal sowie als freundliche Anerkennung für Straßenmusiker, die deinem Urlaub zum richtigen Soundtrack verhelfen und damit eine Belohnung verdient haben.

5 *Ohne Schuhe zum Strand gehen*

Da die Strände in Kroatien und Montenegro nur selten sandig, sondern meist kieselig sind, und sich auch im seichten Wasser oft mehr oder weniger scharfkantige Steine verstecken, die den Badespaß gewaltig trüben können, ist es eine großartige Idee, Schwimmschuhe mit Gummisohlen dabeizuhaben. So könnt ihr unbesorgt im Wasser herumplanschen. Das Mindeste sind aber solide Latschen, mit denen ihr sicher bis zum Meer laufen könnt.